길을 묻는 이에게 보내는 12통의 편지
사랑하는 니고데모에게

길을 묻는 이에게 보내는 12통의 편지
사랑하는 니고데모에게

초판 1쇄 발행 2025년 9월 5일
초판 3쇄 발행 2025년 11월 12일

지은이   박석환
발행인   김용성
기 획   박찬익
제 작   정준용
보 급   이대성

펴낸곳   요단출판사
등 록   1973. 8. 23. 제13-10호
주 소   07238) 서울특별시 영등포구 국회대로76길 10
기 획   (02)2643-9155
보 급   (02)2643-7290 Fax. (02)2643-1877

구입문의   요단서적 (02) 593-8715   대전서관 (042) 256-2109

ⓒ 2025. 박석환 all rights reserved.

값 15,000원
ISBN 978-89-350-2011-9 03230

이 책의 저작권은 저자에게 있으며, 출판권은 출판사가 소유하고 있습니다.
출판사의 사전 승인 없이 책의 내용이나 표지 등을 복제, 인용할 수 없습니다.

사랑하는
니고데모에게

박석환 지음

길을 묻는 이에게 보내는

12통의 편지

요단
JORDAN PRESS

차례

첫 번째 편지 (인간에 관하여) • 009
인간은 어떤 존재이냐고 물었던, 심리학도인 너에게

칼 세이건과 캐슬린 블랑코
에라스뮈스와 마르틴 루터와 침례 요한

두 번째 편지 (종교에 관하여) • 029
"내가 믿는 종교는, 신이 없다"라고 했던 친구에게

저는 행복해지기 위해서 종교를 찾지 않습니다.

세 번째 편지 (운명 단상) • 049
이제는 학부모가 된 너에게

'운명은 이렇게 문을 두드린다'
(So pocht das Schicksal an die Pforte)

네 번째 편지 (진리에 관하여) • 065
진리의 길을 잃지 않기를 바라는 너에게

진리라는 것이 무엇이냐고?

다섯 번째 편지 (죽음에 관하여) • 083
세상을 떠난 후배에게, 언젠가 죽을 우리와 나에게

나 이제 주님 앞으로 나아갑니다. 나는 당신을 부르나이다.
주 예수 그리스도여.

여섯 번째 편지 (빛나는 광장으로) • 101
사랑하고 존경하는 최인훈 교수님께

'메시아'가 왔다는 2천 년래의 풍문이 있습니다

일곱 번째 편지 (성공이라는 것에 관하여) • 123
꼭 성공하고 싶다고 말했던 너에게

구약 성경 아모스 3:3 '두 사람이 뜻이 같지 않은데
어찌 동행하겠으며'

여덟 번째 편지 (나는 누구인가) • 133
'나는 누구인가?'라는 물음 앞에서 고민하는 너에게

하나님께서 재창조하시는 존재 - 초자연적 승리자(super-victors)

아홉 번째 편지 (메시아와 삼위일체에 관하여) • 151
풍문에서 광장으로 나온 친구에게

하나님은 누구시고, 예수님은 누구시고, 성령님은 또 누구냐고?

열 번째 편지 (죄악에 관하여)   • 173
지란지교를 꿈꾸며, 속히 찾아가서 만나야 할 친구에게

도스토예프스키의 『죄와 벌』
"그는 도끼를 들어 전당포 노파의 뒤통수를 내리쳤다"

열한 번째 편지 (행복에 관하여)   • 193
진정한 행복을 찾아가고 싶다고 말했던, 너에게

무엇이 행복일까? 그런데 우리는 꼭 행복해야만 하는 걸까?

열두 번째 편지 (지혜에 관하여)   • 207
지혜롭게 살아가길 바라는 사랑하는 이들에게

이러한 세상에서 틀림이 없는 지혜가 있습니다

무신론자 리처드 도킨스 박사에게 "창조주가 존재하지 않는다면, 그럼 생명이 어떻게 시작되었느냐?"라고 질문했다. 이에 그는 이렇게 답변했다. "행운, 그것은 행운입니다."

칼 세이건의 『코스모스』 서문의 내용이다.

칼은 자신이 미국의 시민이란 사실에 커다란 긍지를 갖고 살았다. 그가 그토록 자랑스럽게 여겼던 미국의 위대함은 각종 선거제도의 정직성과 성실성에 비롯된다. 〈중략〉 거기에 더해서 이 나라 국민은 교회와 국가의 완전한 분리가 갖는 결정적 중요성을 아주 오래전부터 인식해 왔으며, 재앙이 닥쳐올 때 서로를 배려할 줄 아는 마음 또한 갖고 있다.

따뜻하고 따뜻한 로맨티시스트이며 휴머니스트 에라스뮈스의 인간론과, 따뜻하고 차가운 복음주의자 마르틴 루터와 침례 요한의 인간론.
해 아래 새것이 없다. 인간이란 무엇인가? 행복이란 무엇인가? 죽음이란 무엇인가? 각 시대에 맞는 현대 인간학, 현대 신학, 죽음학, 행복학 등이 쏟아져 나오겠지만, 그래서 다 유익을 주겠지만, 해 아래 새것이 없다. 모든 진리는 하나님께서 계시해 주셨다. 현대 신학이 죽어야 그 죽음의 자리에서 초대교회 예수님 제자들의 십자가 생명과 신앙이 부활한다. 하나님이 바라시는 신앙과 인간성이 부활한다.

첫 번째 편지 (인간에 관하여)

인간은 어떤 존재이냐고 물었던, 심리학도인 너에게…

인간은 어떤 존재이냐고 물었던, 심리학도인 너에게

대학 입학 축하 식사를 미루고 미루다가 한 학기가 다 끝나고서야 몇 명 청년들과 함께 자리를 갖게 되었구나. 많은 웃음꽃을 피웠던 식탁 친교였다. 즐겁고 따뜻한 시간이었다. 심리학을 전공하게 된 너의 학업 생활과 진로를 응원한다.

그런데 참, 오늘 네가 이런 질문을 했었지. "인간은 어떤 존재인가요?" 그 질문에 관한 얘기를 나누려던 차에, 늦게 도착한 친구들이 들이닥치는 바람에 화제가 다른 방향으로 틀어졌다. 그리고 사실 그런 주제를 나눌 만한 분위기도 아니었다.

그래서 이렇게 편지를 쓴다.

"인간은 어떤 존재인가요?" 나는 그 질문을 듣는 순간, 기시감이 들더니 곧바로 아주 오래된 기억 하나가 떠올랐다.

친했던 중학교 동창들과 저녁 식사 자리를 가졌을 때였다. 그때는 다들 취직하고 막 결혼도 했었던 시기였지. 심리학을 전공한 친구가 한 명 있었는데, 그 친구가 심리학과에 입학했을 때도 놀랐고, 전공을 살려 국가 기관에 합격한 것도 놀라웠다. 심리학이 그런 분야에도 필요한 것이구나 싶었다. 물론 나도 친구들에게 놀라움을 주었다. 느지막이 신학을 하며 목회의 길로 들어왔기 때문이다.

그때 모임에서 심리학을 전공한 친구가 신학의 길로 들어선 나에게 느닷없이 물었다. 그 친구는 무신론자였다. "인간은 어떤 존재인데?"

그러니까 네가 오늘 저녁 식탁에서 내게 했었던 질문을 수십년 전, 나의 중학교 친구가 내게 했었던 것이지. 심리학 전공자가 무슨 답을 찾으려고 물었겠는가 싶었다. 그래도 친구의 태도는 함께 동석하며 술을 마시며 대화하던 다른 친구들보다 진지했었다. 물론 당연히 나는 술 대신에 콜라를 마셨지만.

인간은 어떤 존재인가?

그 옛날 친구들이 했던 말들은 다 맞는 말이었다. 뭐 대강 보편적인 얘기였다. 인간은 동물과는 달리 본능 이상의 이성을 가진 존재이다. 질문하고 성찰하고 생각하고 계획하고 선택하는 위대한 이성의 존재이다. 그리고 종교적 존재, 도구적 존재, 사회적 존재, 즐거움을 추구하는 유희적 존재, 문화적 존재, 이러한 얘기들이 나왔던 거로 기억이 된다. 모두 다 맞는 말이었다. 물론, 아메바로부터 원숭이를 거쳐 진화된 존재라고 말했던 친구도 있었다. 그런데 나는 그때, 기억이 흐릿하지만 당연히 성경을 근거해서 얘기했다.

수십년이 흘러 심리학도인 네가 또다시 나에게 같은 질문을 해 왔구나. "인간은 어떤 존재인가요?" 그런데 사실 내가 신학의 길, 목회의 길로 들어오고 나서부터 인생의 모든 시간은, 그런 질문을 받는 시간이었을 것이다. 인간은 어떤 존재인가?

너는 이미 심리학 교수, 철학 교수, 사회학 교수들에게 인간학에 대해서 들었을 것이고, 앞으로도 들을 것이다. 그리고 과학적으로 '인간은 누구인가'를 풀어나가는 강연이나 유튜브 영상이나 저술도 있다. 철학이나 심리학으로 설명하는 자료도 많이 있다. 각 설명은 나름 논리적으로 탁월한 면이 있을 것이다. 조회 수가 수십, 수백만이 되는 영상도 있을 것이다. 세계적으로 베스트셀러가 된 책도 있을 것이다. 해답들이 고매하고 심오할 것이다. 때로 지혜롭고 감동도 줄 것이다. 그런데 애매모호하고 복잡하기도 할 것이다. 그래서 비트겐슈타인의 철학처럼, 말할 수 없는 것에 대한 침묵이 좋은 답이 될 수도 있다. 비트겐슈타인은 인간 존재와 언어의 한계를 인정하고 논의 대신에 침묵하자는 철학적 태도를 말했거든.

인간은 어떤 존재인가?
그런데 나는, 이 물음에 대한 답변을 '인간이란 이런 존재이다!'라고 명료하게 답할 수 있다고 생각한다. 단순함과 명료함은 인생을 흔들리지 않게 돕고 강하게 한다고 생각한다.

인간은 어떤 존재냐고?
성경은 인간에 대해 정확히 규정한다. 창조주 하나님에 의해 창조된 피조물이라고. 무신론자들은 나름의 이성적이고 과학적인 견해에 따라서 '하나님은 없다'라는 결론을 내렸다고 말한다. 하지만 이성적이고 과학적인 견해에 따랐다는 그들도 사실 모순을 드러낸다. 예를 들어 대표적 무신론자 리처드 도킨스 박사에게 "창조주가 존재하지 않는다면 생명이 어떻게 시작되었느냐?"라고 질문했다. 그는 이렇게 답변을 했다. "행운, 그것은 행운입니다." (그런데 리처드 도킨스 박사는 나중에는 무신론자에서 불가지론자로 바뀌었다는 소식을 들은 것 같다. 아, 무신론자 지그문트 프로이트는 이런 말을 했다지. "인간은 나약한 존재이다. 두려움과 공포로부터 해방되기 위해서 자신이 의지할 절대자가 필요했다. 그래서 인간은 절대자를 만들어 놓고 기도하여 평안을 얻고자 했다. 그리고 인간은 자신이 만들어 놓은 절대자의 노예가 되었다." 또한, 무신론자 프리드리히 니체는 이런 말을 했다지. "신은 죽었다. 인간은 초인이 되어야 한다.")

행운이라니! 이성적이고 과학적인 답변이라 하기에는 찜찜하다. 한 마디로 생명(의 시작)은 이성과 과학을 넘어선 신비의 영역이다. 인간은 어떤 존재인가? 하나님 없이는 생명을 얻을 수 없는 피조물이다. 간단하고 명료하다. 리처드 도킨스 박사는 확실한 것, 분명한 것을 추구하는 과학적 태도를 강조했다. 이 점에서보면 인간의 존재는 행운이 아니라 하나님의 피조물이라는 것은 확실하고 분명한 사실이다.

이러한 사실에 입각해 인간은 어떤 존재인가에 대해 계속 얘기하려고 한다. 인간은 누구인가? 이 질문에 관해 끝없이 연구한다고 올바른 답이 나오겠는가? 과학자가 정확히 알겠는가? 철학자가 정확히 알겠는가? 프로이트나 칼 융 등 심리학자가 정확히 알겠는가? 고흐나 고갱 등 미술가들이 정확히 알겠는가? 베토벤이나 모차르트나 음악가들이 정확히 알겠는가? 카를 마르크스나 버트런드 러셀 등 사상가들이 정확히 알겠는가?

인간은 어떤 존재인가? 하나님만이 올바른 답을 아신다. 올바른 인간성이란 무엇인가? 인간을 창조하신 하나님만이 올바른 답을 아신다.

성경에 기록된 하나님의 답변은 이렇다. 인간은 창조주 하나님으로 생명을 얻은 피조물이다. 그런데 피조물 인간은 죄를 짓는 존재이다. 그리고 반드시 죽을 수밖에 없는 존재이며 심판 앞에 서야 할 존재이다. 하지만 인류의 대속물代贖物로 예수 그리스도께서 오셨으며, 그분을 영접할 때 죄인에서 의인으로 바뀌는 존재이다. 하나님의 자녀 되며 영원한 생명을 얻은 존재가 된다. 이것이 인간에 관한 올바른 지식이다.

조금 더 얘기를 풀어나가려고 한다. 그런데 이렇게 일방적인 편지보다는, 함께 앉아서 묻고 답하며 이야기 했으면 훨씬 좋았을 것이라는 생각이 든다. 그런 자리를 조만간에 갖자.

인간은 어떤 존재인가?

오래전에 산 책 중 칼 세이건의 『코스모스』가 있다. 매우 예전에 칼 세이건의 『악령이 출몰하는 세상』을 읽은 기억이 나고, 비교적 최근에는 칼 세이건의 〈콘택트〉라는 영화를 보기도 했었는데, 참 대단한 사람이라고 생각된다. 나는 〈콘택트〉를 보면서 칼 세이건의 따뜻한 마음을 느낄 수 있었고 인류에 대한 사랑을 읽을 수 있었다. 그가 언젠가 만나게 될 외계인에 대해 기대를 하고 있다는 것도 어렴풋이 짐작할 수 있었다. 칼 세이건은 『코스모스』에서 이렇게 적고 있다.

> 생명의 기원, 지구의 기원, 우주의 기원, 외계 생명과 문명의 탐색, 인간과 우주와의 관계 등을 밝혀내는 일이 인간 존재의 근원과 관계된 인간 정체성의 근본 문제를 다루는 일이 아니고 또 무엇이란 말인가? _ p. 23

우리가 살고 있는 이 세상의 본질과 기원에 관한 질문은 그것이 깊은 수준에서 던져진 진지한 물음이라면 반드시 엄청난 수의 지구인들에게 과학에 대한 흥미를 유발할 것이며 동시에 그들로 하여금 과학에 대한 열정을 불러일으킬 것이다. 현대 문명은 현 시점에서 하나의 중요한 갈림길에

서 있다. 어쩌면 이 갈림길에서의 선택이 인류라는 종 전체에게 중차대한 결과를 초래할 것이다. _p. 24

이 갈림길에서 어느 쪽을 택하든, 과학에서 벗어나려고 아무리 애를 쓰는 인류의 운명은 과학에 묶여 있다. 과학을 이해하느냐 못하느냐가 우리의 생존 여부를 결정짓는 가장 중요한 요소로 작용할 것이다. _p. 25

안다는 것은 사람에게 기쁨이자 생존의 도구이다. 인류라는 존재는 코스모스의 찬란한 아침 하늘에 떠다니는 한 점 티끌에 불과하다. 그렇지만 인류의 미래는 우리가 오늘 코스모스를 얼마나 잘 이해하는가에 따라 크게 좌우될 것이라고 나는 확신한다. _p. 37

그리고 『코스모스』(2006) 서문에서 아내 앤 드루얀이 이런 말을 적었다.

칼은 자신이 미국의 시민이란 사실에 커다란 긍지를 갖고 살았다. 그가 그토록 자랑스럽게 여겼던 미국의 위대함은 각종 선거 제도의 정직성과 성실성에 비롯된다. 우리가 각종 제도의 근거로 삼는 견제와 균형의 원리, 국내법과 국제

법이 정하는 모든 규약을 존중하려는 미국 국민의 의식과 태도, 엄밀하고 정확한 증거와 진실을 요구하는 문화 등이 칼이 자랑하는 이 나라의 특징이다. 거기에 더해서 이 나라 국민은 교회와 국가의 완전한 분리가 갖는 결정적 중요성을 아주 오래전부터 인식해 왔으며, 재앙이 닥쳐올 때 서로를 배려할 줄 아는 마음 또한 갖고 있다.

칼 세이건은 인간 존재의 근원과 관계된 인간 정체성의 근본 문제를 언급했다. 인간은 어떤 존재인가? 인류는 어떤 존재인가? 칼 세이건의 시각은 따뜻하고, 인간에 대해 낙관적이고 희망적이고 긍정적이다. 그리고 '미국 시민'이라는 긍지가 컸다고 아내가 말한다. 칼 세이건이 자랑하는 미국 시민의 특징 중 하나가 재앙이 닥쳐올 때 서로를 배려할 줄 아는 마음을 가진 것이라고 했다. 인간성을 신뢰하는 따뜻한 마음의 과학자를 책으로나마 만나보니 좋다.

인간이란 어떤 존재인가?
그런데 칼 세이건이 신뢰했던 재앙이 닥쳐올 때 서로를 배려할 줄 아는 따뜻한 미국 시민들(인간들)에 대해서, 캐슬린 블랑코 루이지애나 주지사는 다음과 같은 탄식의 말을 했다. "자연재해가 인간의 마성을 불러 왔다."

무슨 말이냐고? 설명할게.

예전에 감명 깊게 본 영화 중 하나로 〈투모로우〉가 있다. 혹시 너도 이 영화를 보았을지도 모르겠다. 세계 최대 도시인 뉴욕이 해일로 뒤덮인다는 가정을 소재로 했는데, 이 영화를 본 사람들은 "정말 이런 일이 일어날 수 있을까?"라는 생각을 한 번쯤 해보지 않았을까 여겨진다.

이 영화가 개봉된 후 실제로 남아시아 일대에 쓰나미 재앙이 일어났다. 영화가 현실이 된 것이야. 엄청난 자연재해로 인해 도시와 마을이 처참하게 파괴되고 수십만 명이 목숨을 잃었지. 그런데 그 후 미국에 허리케인이 강타해서 100년 만의 최대 재앙을 맞았다. 뉴올리언스라는 도시는 생지옥이 되어 버렸다. 정말 하나님이 계신다면, 그리고 하나님이 사랑이시라면 왜 이런 끔찍한 재앙이 일어나는 것일까? 이 질문에 대하여서는 누구도 명확한 답변을 줄 수 없다. 그런데 20세기 최고의 지성인이라 불리는 C. S. 루이스는, 사랑의 하나님께서 어떻게 끔찍한 재앙들을 허락하시느냐는 질문에 대해 다음과 같은 말을 한 적이 있다. "끔찍한 재앙에도 불구하고 인간들이 이렇게 교만하건만, 재앙이 없다면 우리 인간들이 얼마나 더 교만하겠습니까?"

오히려 이렇게 반문함으로써, 이 세상의 그 어떠한 자연재해나 재앙보다도 더 무섭고 파괴적인 것이 바로 인간들의 교만과 죄악임을 지적하고 있는 것이지. 쓰나미나 허리케인보다 더 끔찍하고 파괴적인 것이 인간의 교만과 인간의 죄악이라는 것이다.

인간이란 어떤 존재인가?

무섭고 파괴적인 교만과 죄성을 가지고 있는 존재라는 것이지. 미국은 세계 최고의 선진국이다. 가장 잘 사는 최강의 나라다. 그런데 세계의 최고, 최강이라 뽐낼지라도, 자연재해 앞에 허망하게 순식간에 무너져 버렸다. 거기에다가 그 재앙의 틈을 탄 약탈, 강도, 강간 등의 범죄 행위까지 가속화되면서 산지옥이 되었다. 더 충격적인 것은 이러한 행동을 일부 폭도들만 한 것이 아니었다는 사실이었어. 백인, 흑인, 남자, 여자, 어른, 아이, 가릴 것 없이 범죄 행위에 대거 합세했다는 것이지. 칼 세이건이 신뢰했던 미국 시민들, 재앙 앞에서 배려심 많다고 생각했던 시민들이었는데, 순식간에 변해버린 것이다.

결국 루이지애나주 방위군이 투입되었고 사살권까지 허용되었다. 이때 캐슬린 블랑코 루이지애나 주지사는 이렇게 개탄을 했지. "자연재해가 인간의 마성을 불러 왔다." 세계 역사 속에서 발견되며 확인되는 진리는, 인간 안에는 죄성(罪性)이 있다는 사실이다. 애나 어른이나 할 것 없이 인간 안에는 뿌리 깊은 죄성이 있는 것이다. 칼 세이건처럼 따뜻한 눈으로 인류를 보고 싶은데 말이다.

'인간이란 어떤 존재냐?'는 너의 물음에 대한 나의 답변들이 너에게 어떤 반향을 불러오고 있을지 궁금하구나. 인간은 우주에서 티끌같이 한 점으로 존재하며 잠시의 나그네 인생길을 영위한다. 잠시일지라도 우리가 걸어가는 한 번뿐인 소중한 인생길에서 진리를 올바르게 알고 있다면, 좀 더 지혜롭게 걸어가게 되고 강함과 용기로, 평안과 자유함 가운데 걸어가게 된다.

성경은 인간이 어떤 존재라고 말하는가? 첫 번째 핵심은 인간은 '하나님으로부터 온 존재'라는 것이다. 인간은 우연의 존재도 아니고 진화론적 존재도 아니고 하나님에 의해 창조된 피조물이다. 그런데 생명의 근원이신 하나님을 부인하는 죄인 된 존재이다. 그래서 인간은 죄성을 가진 존재라는 것을 명확히 인정하는 인생관을 가지고 살아야 한다.

칼 세이건과 캐슬린 블랑코가 만났더라면 어떤 대화를 나누었을지 궁금하다. 그런데 이와 비슷한 상황을 에라스뮈스와 마르틴 루터의 인간론 논쟁에서 찾아볼 수 있다. 중세 종교개혁이 일어날 때, 원래 에라스뮈스와 마르틴 루터는 부패하고 타락한 로마 가톨릭의 반대편에서 함께 싸우는 동지였다. 그런데 두 사람은 갈라서게 되었지. 가톨릭에 대항한 종교 개혁파이긴 했지만, 두 사람의 구원론과 인간론이 달랐거든. 같은 길을 갈 수가 없는 관계가 되어버렸어. 에라스뮈스는 따뜻하고 또 따뜻한 신앙인이었다. 그에 비해 마르틴 루터는 따뜻하지만 차가운 신앙인이었다. 따뜻하지만 차가운 마르틴 루터는 하나님의 위대한 종으로 쓰임을 받았다.

에라스뮈스는 휴머니스트로 인본주의 사상을 갖고 있었지. 인간을 향해 따뜻한 마음과 낙관적인 마음을 가진 사람이야. 그는 인간 의지의 자유, 곧 인간은 선을 선택할 능력이 있다고 주장했다. 구원이나 성화에 있어서 조금이나마 일정 부분 인간의 선한 능력을 주장했어. 인간은 철저히 회개하며 자신에게는 선함의 능력이 없음을 고백하며 하나님께 나아가야 했는데 그렇게 하지 못했다. 그는 철저한 회개 없이도 하나님의 위로, 보호와 지켜주심이 있다는 은혜를 주장했다. 친절하고 따뜻하고 낙관적인 휴머니스트였지. 인간을 향한 로맨티시스트였어.

이에 반해서 마르틴 루터는 오직 성경을 붙들었던 복음주의자로 인간의 의지는 자유롭지 못하며, 전적으로 죄에 종속되어 있음을 말했다. 인간의 죄에 대한 전적인 인식과 회개를 강조하였고, 인간론에 관해서 일고의 타협도 없이 차가왔다. 양보 없이 냉철했지. 이것이 에라스뮈스와 마르틴 루터의 인간론 논쟁의 중요한 사항이야.

마르틴 루터의 인간론은 침례 요한에게서 이미 나타나 있다. 타락한 본성, 즉 죄성을 소유하고 있는 인간은 절망적이지만, 절망만으로 끝나는 것이 아니다. 침례 요한은 예수님이 말씀하셨듯이 "회개하라!"라는 희망의 소리를 광야에서 외친다. "인간은 다 죄인입니다! 회개하십시오!"라고 외쳤던 침례 요한에 대해 예수님께서 어떻게 평가하셨냐면 '가장 위대한 선지자'라고 말씀하시지.

> 내가 진실로 너희에게 말하노라 여자가 낳은 자 중에 침례 요한보다 큰 이가(greater) 일어남이 없도다
>
> _ 마태복음 11장 11절

예수님은 요한을 향해서 그 어떤 선지자들보다 가장 위대한 사역을 이룬 자라고 평가하셨지. 도대체 요한은 어떤 일을 했기에? 성경에는 굉장한 기적을 이룬 선지자들이 등장한다. 그에 비해 요한은 아무런 기적을 행하지 않았다. 위기 속에서 가시적인 하나님의 구원을 보여줌으로써 하나님의 살아계심을 증거하던 많은 선지자와 달리 그는 어떠한 기적도 행하지 않았다. 그런데 예수님은 그런 요한을 가장 위대한 선지자로 평가하신다. 요한이 어떤 일을 했기 때문일까?

요한은 "회개하라!"라면서 올바른 인간론을 세상에 알려준 것이야. '모든 인간은 회개해야 하는 죄인'이라는 인간에 관한 교리를 알려준 것이지. 인간의 죄와 하나님의 진노를 선포하며 깨닫게 하는 것! 이것이 요한에게 주어진 사명이었고 감당한 일이었다. 그리고 이것은 성경에 기록된 수많은 어떤 기적보다 중대한 일이었다. 왜냐하면 자신의 죄에 대해 깨닫지 못한다면, 그리고 죄에 대한 하나님의 심판을 깨닫지 못한다면, 예수

님을 나의 구원자로 만날 수 없기 때문이다. 인간이 죄인임을 깨닫고 회개하지 않으면 예수님과 만날 수 없기 때문이지.

인간은 어떤 존재인지요?

진리를 알면 진리가 자유롭게 하는데, 그러려면 올바른 인간론을 알아야 한다. 인간이란 어떤 존재인가? 회개가 필요한 죄인이라는 것이다. 그러면 절망적인가? 아니다. 인간의 희망은 침례 요한이 들려주는 인간론에 대한 진리의 소리, "회개하라!"는 소리를 들으면서 희망이 시작되는 것이다. 회개에 인류의 희망이 있고, 생명이 있고, 회복이 있고, 평화가 있고 모든 좋은 것들이 있는 것이다.

오늘 편지가 길어졌구나. 상담 심리학을 통해 이 사회 속에서 상처 난 인간들의 마음을 잘 이해하고 싸매면서 훌륭한 상담 심리의 길을 걸어가길 응원하고 기도한다. 그리고 명심하고 있겠지만 언제나 성경의 진리를 근거로 상담 심리학이라는 세상 학문을 펼쳐나가도록 해라. 에라스뮈스와 마르틴 루터의 인간론을 잊지 말도록 해라. 에라스뮈스는 친절하고 따뜻한 신앙인이었다. 그러나 그는 낙관적 휴머니스트였고 인간들에 대한 로맨티시스트였다. 반면에 마르틴 루터는 따뜻하지만 차갑고 냉철한 신앙인이었다. 오직 성경을 붙들었던 복음주의자였다.

늘 깨어서 살펴야 한다. 오늘날 교회 행사나 CCM 찬양 안에 에라스뮈스의 따뜻하고 낙관적인 인본주의 그림자가 짙다. 죄인 됨에 대한 전적인 인정, 죄성에 대한 전적인 회개, 십자가 고난과 부활 천국의 영성보다는 하나님 위로, 치유, 평안과 보호에 의지하려는 에라스뮈스의 그림자가 짙다. 현대 사회는 갈수록 더욱 에라스뮈스의 휴머니스트적인 영향이 기세를 부릴 것으로 전망된다. 현대 해피니스의 기류 속에서 친절, 상냥, 허용, 이해, 평강, 개성과 개인의 자유를 중시하는….

오스왈드 챔버스는 "십자가 없는 위로와 평화는 거짓"이라고 말했다. 그런 의미에서 나는 너에게 오스왈드 챔버스의 『주님은 나의 최고봉』이라는 묵상집을 권한다. 어떠한 신학 서적, 교리서, 신앙 서적, 설교나 성경 공부보다 너를 살아계신 성령님 앞으로 이끌 것이다. 래리 크랩의 『하나님의 러브레터』도 권한다. 인간의 마음을 연구하는 심리학도인 너에게 탁월한 성경적 지침이 될 거다.

그럼 잘 지내고, 늘 너의 마음을 새롭게 하며 이기는 자가 되라.

첫 번째 편지 추신

심리학의 대가인 래리 크랩이 『하나님의 러브레터』에 남긴 말은 너에게 도움이 될 거다. 성경 안에서 훌륭한 심리 상담가로서 세상을 치유하고, 회복시키고, 살리는 사역을 잘해 내길 응원하고 기도하며 래리 크랩의 말을 덧붙인다.

나는 심리학을 박사 과정까지 공부한 사람이다. 그리고 온갖 문제를 가진 사람들을 문자 그대로 수천명 상담한 사람이다. 철학자 수준은 아니지만 파스칼과 같은 위대한 철학가들의 사상도 꽤 알고 있다. 도스토옙스키 같은 위대한 소설가들의 소설도 읽었다. C.S. 루이스나 십자가의 요한, 존 오웬 같은 위대한 신학자들의 사상에도 심취했다.
그리고 나서 내린 결론이 하나 있다. 당신이 자신을 솔직하게 들여다보고 이 세상에서의 당신의 삶을 투명한 렌즈로 들여다본다면, 성경 속에서 하나님이 당신에게 하시는 말씀을 듣는 게 다른 그 무엇보다도 당신에게 유익하다는 것이다.

성경 속에서 하나님이 하시는 말씀을 들을 때, 당신은 가장 깊이 변화되고 당신의 삶을 소망으로 지탱해나갈 수 있다. _ p. 24

저는 행복해지기 위해서 종교를 찾지 않습니다. 행복의 비결은 늘 알고 있으니까요. 그건 포트 와인$^{Port Wine}$ 한 병이면 족합니다. 정말 편안함을 느끼기 위해 종교를 원하십니까? 그렇다면 기독교는 절대 추천하지 않겠습니다. 생활을 편리하게 해 주는 것으로는 특허를 받은 미국 제품들이 분명 시장에 나와 있을 것입니다.

_ C. S. 루이스의 『피고석의 하나님』 중에서

두 번째 편지 (종교에 관하여)

"내가 믿는 종교는 신이 없다"고 했던 친구에게…

"내가 믿는 종교는 신이 없다"라고 말했던 사랑하는 친구에게

잘 보내고 있느냐? 무엇보다도 아들과 딸들이 교회를 다니게 되었다니 말로 다 표현할 수 없이 기쁘다! 그리고 방문한다고 한다고 하면서도 무엇이 그리 바쁜지 놓치고 만다. 무엇보다도 봄에 배꽃이 피어날 때 꼭 방문해야 하는데 말이야. 나는 너희 집을 생각할 때 언제나 배꽃이 생각이 나고 덩달아서 시조 한 수가 늘 따라다녔다.

이화에 월백하고 은한이 삼경인 제

일지춘심을 자규야 알랴마는

다정도 병인 양하여 잠 못 드러 하노라 _ 이조년

  속히 방문해서 달이 환하게 비치는 밤에 이 시조를 한번 읊조려야 하는데, 올해 역시 아무래도 시간을 못 낼 것 같고, 내년 봄에는 정말로 만나자. 물론 달이 비치는 밤의 배꽃을 보는 것보다, 친구와의 만남이 더 그립기 때문이다.

  너는 몇 차례나 나에게 말했지. "내가 믿는 종교는 신이 없다. 절대자가 없다. 그래서 수양이다"라고. 그러면서 나에게 말했지. 네가 믿는 종교는 하나님이 계시다고. 그래서 어느 크리스마스 때 너는 불가리아 소피아에 여행하는 중에 나에게 이렇게 카톡을 보냈었지.

  전능하신 하나님의 탄생을 축하드린다. 친구 목사의 기도 덕분에 우리 가족은 무사히 소피아에서 크리스마스를 맞았다. 내일은 터키로 향한다. 이란, 투르크메니스탄, 키르기스스탄, 우즈베키스탄, 중국을 거쳐 한국으로 들어갈 예정이다. 이제껏 그러했듯이 보이지 않는 그 무엇의 힘에 의해 안전하게 그리고 잘 갈 것이다. 올 한해 고마웠다. 불가

리아 소피아에서 친구가

"전능하신 하나님의 탄생을 축하한다."
너는 그렇게 인사를 보내왔다.
"아기 예수님의 탄생을 축하합니다."
세상 사람들이 그렇게 말한다.
심지어 타종교에서도 현수막을 내건다.
'아기 예수 탄생 축하!'
하지만 안타깝게도 크리스마스의 본질과 진리는 외면한다. 전능하신 하나님께서 인간의 죄의 형벌을 대신 지시려고 이 세상에 오셨는데 말이야.

네가 믿는 종교와 내가 믿는 종교라?
우리는 어릴 때부터 종교가 무엇이냐는 질문을 받으며 살아온 것 같아. 국민학교에 입학했을 때도, 가정환경 조사 항목에 종교가 무엇이냐는 질문도 있었지. 국민학교 시절엔 참 별걸 다 조사했네. 기억나는가? 집에 전화가 있느냐? TV가 있느냐?

그런데 종교라? 종교가 무엇인가?

종교의 사전적 의미는 '절대자의 힘에 의존하여 인간 생활의 고뇌를 해결하고 삶의 궁극적 의미를 추구하는 문화 체계'라고 되어 있더군. 그런 의미에서 너는, 네가 믿는 종교는 절대자가 없으며 수양 종교라고 잘 파악했다. 그리고 내가 믿는 종교는 하나님이 계신다는 것도 잘 파악했고. 그런데 어릴 때부터 시작하여 목회자가 된 지금까지의 나의 삶을 옆에서 지켜본 결과, 정말로 하나님이 계신다고 생각한다면서도, 너에게는 믿음 안으로 들어올 기회가 안 열리는구나. 가까이 산다면 강권해서라도 교회로 인도하겠는데 말이야.

그런데 종교라?

그런데 기독교는 문화 체계로서의 종교 중 하나가 아니라는 사실도 네가 알고 있어야 할 것 같다. 종교가 아니면, 그럼 무엇이냐고? 우리 크리스천들은 위르겐 몰트만의 말을 명심하며 세상 사람들에게 답변할 준비를 하고 있다.

> 예수께서 세상에 가져온 것은 새로운 종교가 아니라 새로운 생명이다

공자와 제자들은 이 세상에 유교라는 종교를 가져왔지. 석가모니와 제자들은 불교라는 종교를 가져왔고, 마호메트와 제자들은 이슬람이라는 종교를 가져왔지. 그러나 공자, 석가모니, 마호메트가 생명을 가져온 것은 아니지. 그런데 예수님은 종교가 아니라 생명을 가져오신 것이야.

예수님은 "내가 곧 길이요 진리요 생명이니"라고 말씀하셨다는 것을 너도 들어 봤을 거야. 예수님을 제외하고는 그 누구도 "내가 생명이다"라고 말한 분은 없거든. 예수님만이 죽음을 이기고 영원한 생명을 주실 수 있기 때문이야. 공자도, 석가모니도, 마호메트도 생명의 진리에 관하여 말할 수는 있어도, 내가 생명이라고는 말할 수 없는 거지. 어느 한 사람이 예수님을 믿을 때, 새로운 종교를 얻는 것이 아니라 새로운 생명을 얻는 것이지. 크리스천은 종교의 사람이 아니라 생명의 사람이고, 종교를 전하는 사람이 아니라 생명을 전하는 사람이지.

네가 궁금증을 가지고 있었으니, 생명에 대해서 조금 더 얘기를 나누도록 할게.

성경에 요한복음이 있는데, 여기에 36회나 반복되는 핵심 단어가 '생명'이야. 예수님을 믿으면 생명을 얻는다는 것이지. 신약성경에는 '생명'을 뜻하는 두 단어가 있어. 하나는 '비오스'(βιος)이고 또 다른 하나는 '조에'(ζωή)라는 단어야. '비오스'는 심장이 뛰는 동안 유지되는 육체의 목숨을 말하고, '조에'는 영적 생명을 말해.

'조에'도 두 가지 의미가 있는데 하나는, 생명의 원천 되신 하나님과 나누는 사랑의 교제를 뜻해, 또 하나는 하나님과 함께 사는 영원한 생명을 의미해. 그리고 조에는 예수님을 믿는 자에게 주어지는 은혜의 선물이야. 그래서 요한복음에는 이렇게 기록되어 있어.

> 너희로 믿고 그 이름을 힘입어 생명을 얻게 하려 함이니라
> _ 요한복음 20장 31절
>
> 내가 온 것은 생명을 얻게 하고 _ 요한복음 10장 10절

예수님의 생명(조에)을 얻지 못한 사람은, 육체의 목숨(비오스)으로만 존재하고 있는거지. 너도 알다시피 나는 목숨(비오스)만으로 살아가다가 청년 때 예수님을 믿었고, 그 때 생명(조에)도 선물로 받았어. 우리가 믿는 기독교는 종교가 아니라 생명이라는 말이 너에게는 어떻게 들릴지 모르겠구나. 조금 더 설명할게.

한번은 어느 과학자의 유튜브 방송을 본 적이 있었다. 구독자가 수십만 명이었는데, 과학을 쉽게 잘 설명해서 고맙고 훌륭한 일이라고 생각해. 그런데 내가 본 유튜브 영상 제목은 이러했다. 〈인간이 신을 믿는 이유 알고 보면 과학적이다 / 전지적 관찰자 시점〉 그리고 이와 같은 말을 하더군.

이렇게 과학이 발달한 이 시대에 종교에서 이야기하는 설화, 과학적으로 말이 안 되잖아요…. 나는 불교에 관한 책도 읽어 봤고 스님들과 대화도 많이 해 봤고…. 또 40년 동안 독실한 크리스천 아내를 따라 교회도 가 봤고…. 그래서 불교와 기독교 두 종교에 대해 귀동냥을 해서 조금 알고 있습니다. 또한, 그 외에 여러 종교에 관한 책도 읽었는데, 사실 거의 모든 종교가 교리상으로 보면 포용하고 사랑하고 남을 이해하고 다 그래요.
그렇지 않은 그런 종교가 거의 없는데 실제로는 종교만큼 배타적인 게 없잖아요. 그런데 이게 굉장히 모순이에요. 종교 자체가 가르치는 교리는, 대부분 굉장히 화합을 가르치면서 실제로 종교와 종교 간에 분쟁은 더 할 수 없이 극렬한 그런 문제 때문에 종교가 우리 인류에게 전혀 도움이 되지 않는다(리처드 도킨스)는 주장이 전혀 일리가 없는게 아니잖아요….

그러면서 그 교수는 몇몇 학자들의 의견도 제시하며 인간의 종교와 믿음을 설명하더군. 그리고 내린 나름의 결론으로 '다양성'으로 제시하더라. 어떻게 하면 공존할 수 있을까? 어떻게 하면 더 다양하게 만들 수 있을까를 노력해보면 결과적으로 굉장히 살만한 세상이 만들어지지 않을까 생각한다고. 다양함을 즐길 줄 아는, 즐기려는 마음의 태도가 참 필요하지 않을까 그런 생각을 한다고. 종교적 문제에서도 혹시 우리가 할 수만 있다면 오히려 다양한 종교가 존재하는 것이 서로에게 도움이 될 수 있겠다 하는 생각을 적극적으로 해보면 어떨까 생각도 해본다고.

그 교수는 종교의 다양성과 과학과 종교의 공존에 관해서 설명하는데, 과학자의 깊은 식견을 공유할 수 있으니 좋았다. 그런데 이해가 필요한 부분이 있다. 판단이나 비판이 아니라 차별 또는 분별이라고 하는 게 좋겠다. 그 교수가 잘못 관찰하는 것, 잘못 아는 것이 있어. 사실 이것은 결정적인 오류이지. 그의 방송 내용을 보면 '종교'라는 말이 계속 반복되었고, '교리'라는 말을 두 번이나 강조했는데, 이게 오류야. 그래서 위를 보면 내가 밑줄을 그어 놓았어(물론 이는 비기독교인들은 이해 못 할 거다).

첫 번째 오류는 위에서 말했던바, 예수께서 세상에 가져온 것은 새로운 종교가 아니라 새로운 생명이라는 것을 이해하지 못하기 때문에 발생하는 거지. 반복하자면, 공자와 제자들은 이 세상에 유교라는 종교를 가져왔고, 석가모니와 제자들은 불교라는 종교를 가져왔으며, 마호메트와 제자들은 이슬람이라는 종교를 가져왔지. 그런데 예수님은 종교가 아니라 생명을 가져오셨어. 과학 교수나 세상 사람들은 기독교를 이 세상의 종교 가운데 하나라고 생각하면서 오류가 생기는 거지.

두 번째 오류는, '교리'가 다 비슷하다는 말이야. '교리'가 아니라 '윤리'라는 말을 사용했다면 그나마 괜찮았을 수 있어. 그런데 '교리'라는 단어를 사용한 것은 결정적 오류이지. 물론 이는 비기독교인들은 이해 못 할 거다.

다시 설명할게. 맞다. 불교나 기독교나 다른 종교가 윤리적 가르침은 비슷할 수 있다. 예를 들어 포용하고 사랑하고 남을 이해하는 삶을 살아라. 겸손해라, 미워하지 마라, 탐심을 품지 말라, 베풀라, 친절해라. 이런 윤리적 가르침은 불교나 기독교나 힌두교나 이슬람교나 비슷하다고 할 수 있다손 치더라도, 교리가 같을 수는 없는 것이다. 교리가 다른 것이 핵심인데 그 핵심에 있어 오류에 빠진 것이다.

기독교의 교리는 이것이다. 모든 인간은 죄인이라는 교리, 예수 그리스도의 십자가 희생 죽음으로 구원받는다는 교리, 예수님 믿으면 생명을 얻는다는 교리, 기독교는 종교가 아니라 생명이라는 교리, 이신칭의의 교리와 성화의 교리와 영화의 교리, 심판의 교리, 이 세상은 종말을 맞고 새 하늘 새 땅이 도래한다는 천국 교리.

기독교의 교리는 다른 종교와 그야말로 하늘과 땅 차이로 다른 것이거든. 그리고 이 교리에 관한 지식은 신앙인만이 가질 수 있으며, 아무리 세계적인 과학자며 석학이며 박사며 천재라 할지라도, 이 지식을 갖지 못하는 것이지. 이 사실에 대해서 성경이 입증하는데, 너는 성경을 접할 기회가 거의 없을 테니, 이 기회에 성경을 한번 언급해볼게. 성경에 고린도전서가 있는데, 2장 12절에서 14절을 통해서 알려주는 게 있어. 교리에 관한 지식은 신앙인만이 가질 수 있으며, 아무리 세계적인 과학자며, 석학이고, 박사며, 천재라 할지라도 이 지식을 갖지 못하는 것이라고.

우리가 세상의 영을 받지 아니하고 오직 하나님으로부터 온 영을 받았으니 이는 우리로 하여금 하나님께서 우리에게 은혜로 주신 것들을 알게 하려 하심이라 _ **고린도전서 2장 12절**

크리스천들만이 하나님께서 은혜로 주신 것들을 알 수 있다. 비기독교인들은 하나님도 부인하는데, 하나님께서 은혜로 주신 것들을 어찌 알 수 있겠는가?

우리가 이것을 말하거니와 사람의 지혜가 가르친 말로 아니하고, 오직 성령께서 가르치신 것으로 하니, 영적인 일은 영적인 것으로 분별하느니라 _ **고린도전서 2장 13절**

기독교 교리는 사람의 지혜가 성도들을 가르친 것이 아니고 오직 성령 하나님께서 가르치시는 것이라고 알려주고 있어.

육에 속한 사람(불신자)은 하나님의 성령의 일들을 받지 아니하나니 이는 그것들이(교리나 하나님 진리의 말씀들이) 그에게는(육에 속한 자/불신자들에게) 어리석게 보임이요 또 그는(육에 속한 자) 그것을(교리와 영적 진리를) 알 수도 없나니 그러한 일

은 영적으로 분별되기 때문이라 _ 고린도전서 2장 14절

세상 학문의 각 분야 권위자들이 존중을 받는 것은 당연한 일이지만, 그들의 지식으로는 하나님의 은혜로운 일들을 알지 못해. 그들의 총명으로는 교리들을 알지 못해.

세상 사람들은 영적인 것들, 교리적인 부분들, 하나님의 은혜들을 어리석다고 생각하고 또 알 수도 없는데, 그 이유는 세상 사람들은 신앙이 없으며 따라서 영적 분별력을 가지지 못했기 때문이야. 이러한 말들이 너에게는 어떻게 들릴지는 모르겠구나. 너는 궁금증이 많았으니 조금 더 설명할게. 너의 주변에 개신교가 아니라 가톨릭 신자들도 있겠지?

2027년에 세계 가톨릭 청년 대회가 한국에서 열리더군. 가톨릭 교황도 참석하고 전 세계 40만 명의 가톨릭 청년들이 모여들 거라고 예상하는 축제라던데. 그 축제 장소를 결정하는 회의가 2023년 포르투갈 리스본에서 열렸는데, 개최지가 '대한민국 서울'이라는 발표가 나자 한국 가톨릭 준비 위원들이 감격하는 장면을 뉴스 영상으로 보았어. 교황을 비롯해 전 세계 40만 명의 가톨릭 청년들이 한국에서 모이는 대규모 축제이니 경축할 만한 행사일 거야.

이 행사를 여러 외신과 한국의 매스컴이 크게 보도하겠지. 성공적인 대회가 되면 한국의 위상은 또 한 번 높아질 수 있을 것이고, 가톨릭에 호감을 느끼게 되는 사람 중에 가톨릭을 믿게 되는 사람도 생기겠지. 실제 가톨릭 측에서도 이번 대회 결과에 따라 청년층 신자들의 신규 확보 및 활성화를 위한 계기를 마련할 수 있다고 보고 있다더군. 그래서 가톨릭의 융성에 질투하는 것이 아니고. 우리에게 가톨릭이라는 종교는 질투할 대상이 아니거든.

물론 가톨릭 청년 대회는 분명히 좋은 방향성도 제시될 것이야. '예수 그리스도를 믿는 청년들이 되자!'와 같은 신앙 구호들이 등장하고 그에 관한 기도도 이루어질거야. '하나님 품에 청년들이 돌아오게 하자!'는 신앙 권면들이 힘을 얻을 것이고. 그런데 우려가 하나 있어. 프란치스코 교황이 2027년 한국에서 개최되는 가톨릭 청년 대회는 교회의 보편성을 보여주고, 일치를 향한 꿈을 드러내는 아름다운 표징이 될 거라고 말했다는군. 이러한 종교적 호감도와 인본주의적 매력이 우리 사회 안에 영향을 끼치면, 십자가 복음 절대 교리는 힘을 잃게 될 가능성이 있다는 거야. 물론 비기독교인인 너는 상관이 없겠지. 아니 상관이 없다기보다 오히려 왜? 라고 의문을 품을 수도 있겠군. 왜 2027년 가톨릭 청년 축제에 대해 우려하느냐고? 아래는 내가 읽은 신문 기사야.

> 한국 천주교는 2027년 세계 가톨릭 청년 대회 준비를 위해…. 서울 명동 서울대교구청에서 조직위원회 창립식을 열고 이사진을 선임했다…. 그 이사들 중에는 경기 남양주 성관사 주지 스님인 성진 스님이 포함되어 있다. 성진 스님은 이렇게 말했다. 종교 간의 화합이 우리 사회에서 중요한 가치가 되었으며 마음에서 흔쾌히 이사진에 참여했습니다.

종교 간의 화합이 우리 사회에 중요한 가치가 되었기에 수락했다는 것이야.

종교 간의 화합?
중요하지. 그런데 사실 그것이 예수님의 뜻은 아니거든. 예수님께서 이 세상에 오신 이유는, 그리고 십자가에 인류의 죄를 짊어지시고 죽임당하신 이유는, 종교 간의 화합을 위해서가 아니거든. 당시 종교라 하면 유대교 등이었는데, 유대교와의 화합을 이루기 위해 예수님께서 세상에 오신 것이 아닌데. 종교 간의 화합을 이루기 위해 예수님이 십자가 고초당하시고 죽임당하신 것이 아닌데.

가톨릭이 종교 화합을 위해 스님을 조직위원회 이사로 선임했다든지, 그리고 스님의 "종교 간의 화합이 우리 사회에서 중요한 가치가 되었으며 마음에서 흔쾌히 이사진에 참여했습니다"라는 언론 인터뷰는 매력적으로 들리고 호감을 주긴 해. 많은 매스컴이 칭찬할 것이야. 인터넷을 달굴 것이고, 이런 댓글들도 달릴 것이야. "개신교들도 좀 배워라. 예수 믿는 너희만 천국 간다고 하지 말고, 안 믿는 사람들은 심판받는다고 독선적이고 배타적으로 말하지 말고, 종교 화합을 배워라."

다수 군중은 가톨릭의 화합과 일치를 칭찬하고 개신교를 독단적 배타적이라고 밀어붙일 가능성이 있지. 어쩌면 그때 우리 사회에서 개신교 교회와 성도들은 외톨이처럼 더욱 힘들 수도 있어. 교회 다니는 청년들과 자라나는 세대들은 혼란스러울 수 있고. 그러므로 교회와 성도들, 자라나는 세대와 청년들은 지금부터 유비무환의 자세로 준비해 가야 해. 아들과 딸이 교회를 다니기 시작했다니까 나의 편지를 보여주면 좋겠구나.

두 번째 편지 추신

사랑하는 친구의 아들과 딸에게

유비무환, 무엇으로 준비해야 하느냐고? 예수님 말씀, 성경 진리로 무장해야지. 그리고 알아야 할 사실은, 원래 진리의 길을 걸어가는 사람은 소수라는 사실이야. 그 유명한 마태복음 7장 13-14절은 이렇게 말하고 있어,

좁은 문으로 들어가라 멸망으로 인도하는 문은 크고 그 길이 넓어 그리로 들어가는 자가 많고 생명으로 인도하는 문은 좁고 길이 협착하여 찾는 자가 적음이라

개신교 성도들의 삶의 모습이 독단적이거나 배타적으로

되어서는 안 된다고 백번 말해도 부족해. 당연히 사회 속에서 화목하고 섬겨야지. 그런데 예수님께서 가르치신 진리는 타협할 수가 없거든. 교회를 다니게 되었다는 아들과 딸이 지켜야 할 진리, 예를 들어 한두 가지를 말하자면 이런 진리야.

내가 진실로 진실로 너희에게 이르노니 내 말을 듣고 또 나 보내신 이를 믿는 자는 영생을 얻었고 심판에 이르지 아니하나니 사망에서 생명으로 옮겼느니라 _ **요한복음 5장 24절**
예수께서 이르시되 내가 곧 길이요 진리요 생명이니 나로 말미암지 않고는 아버지께로 올 자가 없느니라 _ **요한복음 14장 6절**

이와 같은 진리를 분명하게 주창하지 않으니 스님들과도 연합할 수 있는 거겠지. 만약에 이게 진리라고 주창한다면, 즉 예수님을 믿는 자는 심판에 이르지 아니하며 영원한 생명을 얻고, 예수님을 믿지 않는 자는 지옥 심판을 받으며 사망 죽음 중에 있다고 진리를 분명히 주창한다면 주지 스님이 가톨릭 청년 대회 조직위원회에 동참하지 않을 테지.

아 그리고 지옥은 애초에 사람을 위해 예비된 곳이 아니야. 마태복음 25장 41절에 보면 "마귀와 그 사자들을 위하여 예비된 영원한 불에 들어가라"라고 기록되어 있어. 지옥은, 애초 마귀와 그 사자들을 위하여 예비된, 영원한 불이라는 것이지. 그런데 인간들이 하나님을 거부하고 마귀를 쫓아가다가 마귀와 함께 지옥 형벌을 받게 되는 것이지. 사랑의 하나님께서 인간을 지옥 멸망으로 떨어뜨린 것이 아니라, 인간 스스로 죄를 지으며, 지옥행 열차를 타고 멸망으로 향하여 가고 있는 것이야. 그런데 예수님께서 인간들을 멸망과 심판에서 구원하시려고 이 세상에 오신 것이지.

하나님이 그 아들을 세상에 보내신 것은 세상을 심판하려 하심이 아니요 그로 말미암아 세상이 구원을 받게 하려 하심이라

_ 요한복음 3장 17절

진리를 아는 것이 힘인데! 우리가 믿는 기독교는, 종교가 아니라 생명이라는 진리를 아는 것이 힘이야. 죽음과 생명에 대한 성경 진리를 아는 것이야말로 이 세상에서 힘

이야. 죽음이 무엇이며 생명이 무엇인지 알면, 그 진리가 세상 사람들과 다르게 살아갈 힘이 되는 것이지.

이 세상은 우리를 미혹하고 거짓 사상을 전할 것이다. 대충 믿으라고 할 것이다. 타협하라고 할 것이다. 종교 간의 화합이 중요하다고 말할 것이다.

태어나서 어릴 때부터 너희들을 보아왔는데, 어엿한 청년이 되었고, 무엇보다도 교회를 다니고 신앙생활을 시작했다니 얼마나 감사하고 다행이고 좋은지! 너희가 종교인이 아니라 생명의 사람들로서 진리의 편, 예수 그리스도의 편에서 걸어가는 모습을 생각하니 충만한 은혜이다. 그 진리의 편에 걷는 것은 좁은 문으로 들어가는 것이라서 소수일 테지만, 그 길이 생명의 길이고 축복의 길이야. 진리의 길을 잃어버리지 말고, 미혹과 거짓과 어둠과 싸우며 영적 승리를 이루는 눈부신 청년 시절이 되길 축복한다.

베토벤의 교향곡 5번을 우리는 흔히 〈운명 교향곡〉이라고 부른다. 유명한 시작 부분을 언어로는 어떻게 표현할까? '쾅쾅쾅쾅 쾅쾅쾅쾅'이랄까? 이 도입부에 관해 제자 안톤 쉰들러는 스승인 베토벤이 '운명이 문을 두드리는 것을 묘사하는 것'이라고 알려주었다고 말했다. '운명은 이렇게 문을 두드린다.'(So pocht das Schicksal an die Pforte)

하지만 음악계에서는 제자 안톤 쉰들러의 말에 신빙성을 두지 않는다. 베토벤의 말이 아니라, 안톤 쉰들러가 지어낸 말이라는 것이다. 그럴더라도, 멋진 설명이다. '쾅쾅쾅쾅 쾅쾅쾅쾅/운명은 이렇게 문을 두드린다'

세 번째 편지 (운명 단상)
이제는 학부모가 된 너에게…

이제는 학부모가 된 너에게

네가 보내온 카톡을 찬찬히 읽/었/다.

처음 뵈었던 날이 잊히지 않습니다. 청소년기에, 청년기에 저에게 말씀과 기도로 큰 영향을 주셨지요. 그건 운명 중에서도 주님의 분명한 계획 하심이었고 인생의 길을 바꾸는 운명이었음이 분명합니다.

그러게. 청소년기에 너를 처음 보았는데, 계절이 지나고 세월이 흐르고 너는 어느새 학부모가 되었구나. 네가 보내온 카톡 인사를 읽고, 운명 단상을 적어서 너에게 편지를 쓴다. 운명이란 무엇인가에 대한. 그렇다고 무슨 깊은 철학적이고 사색적인 운명론을 나누려고 하는 것은 아니다. 하지만 우리가 사랑해야 할 빛나는 운명이다.

운명 단상 1.

사람은 부모로 인해 육신의 생명을 얻어서 이 세상에 오는데, 그렇게 태어난 인간들은 어떤 운명을 향해 가는가? 물론 운명이라는 개념이 광범위하겠지만, 쉽고 간단히 말해서 피할 수 없는 인생 스토리가 있다. 사람마다 운명이 다르겠지만, 본질적인 운명은 같거든. 독일의 실존주의 철학자 카를 야스퍼스는 인간이라면 누구나 겪게 되는 피할 수 없는 운명을, 인간의 '한계 상황'이라고 했고, 그 한계 상황 네 가지를 말했다. 살다 보면 피할 수 없고 그렇다고 해결되지도 않는 '극한 상황'에 직면하는 네 가지는 첫째, 죽음이다. 그 누구도 죽음을 회피할 수 없다. 둘째, 생존 투쟁/경쟁이다. 인간이 살아 있는 한 생존 투쟁은 불가피하다. 셋째, 고통이다. 질병, 가난, 늙음, 이별, 이 모든 것이 고통이다. 넷째, 죄악이다. 인간은 죄를 짓지 않고 살 수 없다.

인간이라면 누구나 모두 죽음/생존 투쟁/고통/죄악의 운명 길을 걸어가게 되지. 부자이든 천재이든 스타이든 평범한 서민이든 그 누구도 예외 없이 인생에서 죄를 짓는 운명, 죽는 운명, 그리고 죄에 대해서 심판받는 운명에 처하게 되지. 따라서 인간들은 이 운명에만 갇혀 있어서는 안 되는 것이다. 카를 야스퍼스는 인간은 이러한 한계 상황에서 좌절하게 되며, 좌절 가운데 자기 죽음을 직면하는 순간, 실존적 자각/깨달음을 가지면서 초월적 세계를 보게 된다고 했다. 초월적 세계, 절대자를 바라보는 그때! 새로운 운명, 빛나는 운명, 희망의 운명이 시작되는 거다. 우리는 그 운명 안에 살아가고 있구나.

운명 단상 2.

짐승의 운명이나 사람의 운명이 같으면, 헛되고 헛되며 허무하고 허무하다. 전도서 3장 19절은 이렇게 기록되어 있다.

사람의 운명과 짐승의 운명을 비슷하다.
사람이 죽는 것처럼 짐승도 죽으므로, 사람이나 짐승의 호흡은 동일하다.

이렇게 모든 것이 헛되니 사람이 짐승보다 나은 것이 무엇인가? **(쉬운 성경 / NLT)**

많은 사람이 고양이나 강아지 등 반려동물을 키운다. 그런데 고양이도, 강아지도, 인간도 죽기 마련이지. 죽음 앞에서는 한낱 한 줌의 흙이 되고.

그런데 정말 그러한가? 정말, 고양이나 강아지나 사람이 다를 바가 없이 다 한 줌 흙만 될 뿐인 운명인가? 그렇다면, 사람이 죽는 것처럼 짐승도 죽고, 사람이나 짐승이나 같은 호흡을 하는 것이라면, 사람이 짐승보다 나은 것이 무엇인가?

하나님과 사랑을 나누며 동행하며 교제한다는 것이다. 하나님께 예배하며 감사 찬양하며 기도한다는 것이다. 하나님께 회개하고 순종하며 값지게 산다는 것이다. 천국 약속을 받았고 부활과 영원한 생명을 누린다는 것이다. 우리 운명이 짐승의 운명과 다르므로 인생이 절대 헛되지 않은 것이다. 빛나고 눈부신 운명이다.

운명 단상 3.

운명에 관해서는 'Amor Fati'아모르파티를 빼고 얘기할 수가 없군. 〈아모르 파티〉라는 유명한 대중가요를 알고 있겠지? 노래 가사는 이렇게 시작하지.

> 산다는 게 다 그런 거지 누구나 빈손으로 와
> 소설 같은 한 편의 얘기들을 세상에 뿌리며 살지
> 자신에게 실망하지 마 모든 걸 잘할 순 없어
> 오늘보다 더 나은 내일이면 돼 인생은 지금이야
> 아모르 파티

청소년, 청년, 장년 할 것 없이 모두가 이 노래를 들으면 흥이 난다. 답답한 가슴이 잠시 시원해질 수도 있다. 노래에는 힘이 있는 것이 사실이다. 사람들이 소리 지르며 떼창을 부르면 스트레스도 달아난다. 민요든, 트로트든, 가곡이든, 군가든, 노래는 분명히 힘이 있고 언어나 생각에 영향력을 끼치는 것이다.

그런데 왔다가 갈 한 번의 인생을 가슴이 뛰는 대로 후회 없는 듯 살아도 인생의 껍데기만 멋진 것처럼 보일 뿐, 그럴듯하게 보일 뿐, 속은 비어 있고 알맹이는 없는 허무와 비극일 수 있다는 사실을 잊지 않아야 한다.

그런데 이 'Amor Fati'가 무슨 뜻인가? 라틴어 '아모르'^Amor^는 '사랑'이라는 말이다. '파티'^Fati^는 '운명'이라는 뜻이다. 즉, 'Amor Fati'는 運命/愛, '운명을 사랑하라'이다. 영어로는 'Love of Fate'이다.

그런데 이 '아모르 파티'는 유명한 철학자 프리드리히 니체가 언급한 용어이다. 저서 『즐거운 지식』(*Die fröbliche Wissenschaft*) 등에서 언급한, 인간의 삶에 대한 태도를 설명하며 사용했던 용어이다. 니체에 따르면 인간 개개인의 운명은 필연적인 것이다. 니체는 이 필연적인 운명을 긍정하고 사랑하는 태도로 살아갈 때, 인간이 위대해지며 인간 본래의 창조성을 발휘할 수 있다고 설명했다. 이는 고통과 상실을 포함해 자신에게 일어나는 모든 일을 받아들이는 삶의 태도를 말한다. 동시에 운명에 체념하거나 굴복하는 것이 아니라, 자신의 삶에서 일어나는 고난까지 적극적으로 받아들인다는 의미를 가지고 있다.

Amor fati: das sei von nun an meine Liebe!
이것이 나의 사랑이 되게 하라. 너의 운명을 사랑하라.

'고난이여 오라! 그 운명까지 사랑하리라!'

대철학자의 매력적인 가르침이다. 인간 정신의 위대함과 용기를 얼마나 북돋아 주는가? 그런데 니체가 어떤 사람인가? '하나님은 죽었다'라고 말한 무신론 철학자이다. 니체의 '너의 운명을 사랑하라'는 '아모르 파티'는 하나님이 없는 인생과 운명이다. 예수 그리스도의 십자가가 없는 인생과 운명이다. 아무리 매력적이고 멋져 보여도 하나님이 없으니 비극적이고 헛된 인생이요 운명인 것이다.

사람들은 예수님 없이도, 하나님 없이도 '아모르 파티'를 꿈꾼다. 가슴이 뛰는 대로 살아가는 것을 꿈꾼다. 크리스천들은 그 꿈에 매혹당하지 말아야 한다. 세상 사람들이 모두 현혹되는 그 꿈을 사지 말아야 한다. 성경 고린도전서 15장에서도 이렇게 경고한다. 인생이란 한 번 왔다가는 것이고, 내일 죽을 터이니 먹고 마시자 하는 세상에 속지 말라.

운명 단상 4

니체는 인간 개개인의 운명은 필연적이라고 말했는데, 그것은 맞는 말이다. 필연적이란, 반드시 그렇다는 것이다. 예수 그리스도를 믿는 우리는 허무한 운명이 아니라 필연적으로 영원히 헛되지 않은 운명이다. 슬픈 운명이 아니라 필연적으로 영원히 기쁜 운명이다. 절망의 운명이 아니라 필연적으로 영원히 소망의 운명이다. 허탄한 운명이 아니라 필연적으로 영원히 진리에 속한 운명이다. 죽음의 운명이 아니라 영원히 사는 운명이다. 저주받는 운명이 아니라 하나님 자녀로 영원히 사랑받는 운명이다. 그뿐만 아니라 예수님 제자로 순종하며 살아가는 운명이다. 눈물로 씨를 뿌리며 기쁨으로 열매를 거두는 운명이다.

이는 믿는 자들에게 필연적이다. 사랑하는 너도 이 필연적 운명을 받아들이며 이 운명에 감사하며 이 운명을 사랑하며 걸어가길 바란다.

운명 단상 5.

베토벤의 교향곡 5번을 우리는 흔히 〈운명 교향곡〉이라고 부른다. 유명한 시작 부분을 언어로는 어떻게 표현할까? '쾅쾅쾅쾅 쾅쾅쾅쾅'이랄까? 이 도입부에 관해 제자 안톤 쉰들러는 스승인 베토벤이, '운명이 문을 두드리는 것을 묘사하는 것'이라고 알려주었다고 말했다. '운명은 이렇게 문을 두드린다.'(So pocht das Schicksal an die Pforte)

하지만 음악계에서는 제자 안톤 쉰들러의 말에 신빙성을 두지 않는다. 베토벤의 말이 아니라 안톤 쉰들러가 지어낸 말이라는 것이다. 그렇더라도, 멋진 설명이다. '쾅쾅쾅쾅 쾅쾅쾅쾅 / 운명은 이렇게 문을 두드린다'

그러고 보면 왠지 예수님이 문밖에서 문을 두드리시는 모습을 상상하게 된다.

> 볼지어다 내가 문 밖에 서서 두드리노니 누구든지 내 음성을 듣고 문을 열면 내가 그에게로 들어가 그와 더불어 먹고 그는 나와 더불어 먹으리라 _ 요한계시록 3장 20절

운명 단상 6.
영원히 하나님의 사랑에서 끊어질 수 없는 것이 나의 운명이다.

> 누가 우리를 그리스도의 사랑에서 끊으리요 환난이나 곤고나 박해나 기근이나 적신이나 위험이나 칼이랴 … 그러나 이 모든 일에 우리를 사랑하시는 이로 말미암아 우리가 넉넉히 이기느니라 내가 확신하노니 … 우리를 우리 주 예수

안에 있는 하나님의 사랑에서 끊을 수 없으리라 _ **로마서 8장 35-39절**

너희가 내 말에 거하면 참으로 내 제자가 되고 진리를 알지니 진리가 너희를 자유롭게 하리라 _ **요한복음 8장 31-32절**

참 자유를 누리며 살아갈 수 있는 길이 무엇인가? 돈이 많다고 참 자유로울 수 있는 것이 아니다. 건강하다고 참 자유로운 인생을 누리는 것 아니다. 인정과 명예를 얻는다고 참 자유로운 인생을 누리는 것 아니다. 세상 실력이 나에게 참 자유를 주는 것도 아니다. 그러면 무엇이 참된 자유를 누리게 할 수 있는가? 진리를 알지니 진리가 자유롭게 한다. 로마서 8장 35-39절, 진리의 말씀은 우리를 자유롭게 한다.

질병에 시달릴 수 있지만, 질병이 나를 예수님 사랑에서 끊을 수 없는 것이 우리의 운명이다. 그래서 질병의 불안으로부터 자유할 수 있는 운명이다. 어려운 환경 속에 있지만, 어떠한 상황도 나를 예수님 사랑에서 끊을 수 없는 것이 우리의 운명이다. 그래서 인생이 어떻게 될 것인가 하는 염려로부터 자유할 수 있는 운명이다. 죽음조차 나를 예수님 사랑에서 끊을 수 없는 것이 우리의 운명이다. 그래서 죽음의 두려움에서 자유할 수 있는 운명이다. 진리의 말씀을 알면 알수록 세상 문제들을 이기는 자유를 풍성히 누리게 되는 것이 우리의 운명이다. 내가 확신하노니! 우리를 우리 주 예수 안에 있는 하나님의 사랑에서 끊을 수 없느니라. 아멘.

운명 단상 7.
'Don't copy.' 이것이 크리스천의 운명이다.

사람들은 관광지에서 사진을 찍는다. 친절하게 '포토존'(photo zone)이라고 안내문을 붙여놓은 곳도 있다. 사각 프레임을 설치해 놓고 사진을 찍도록 배려하기도 한다. 사람들은 서로 차례를 기다린다. 그 사각 프레임 뒷쪽 경관이 공통 배경이 되는 것이다.

인생도 비슷하다. 세상 사람들은 공통 프레임 속에서 살아간다. 프레임이란 추구하고 좇아가는 가치/관심이다. 세상 사람들 너나 나나 공통으로 좇아가는 최고 가치와 관심은 돈이다. 지금은 유례없이 돈이 최고인 세상이다. 돈이 신처럼 되었다. 아이들도 돈, 청소년들도 돈, 청년들도 돈, 장년과 노년들도 돈, 돈한다. 돈이 인생의 프레임이 되어 돈을 통해 세상을 본다. 이 외에도 오늘날 세상에 만연한 풍조로는 편리와 안락 중심주의, 자기 권리 중심주의, 외모와 외형 중심주의, 자기만족과 행복주의 등이다.

> Don't copy!
> 너희는 이 세대를 본받지 말고 오직 마음을 새롭게 함으로 변화를 받아 하나님의 선하시고 기뻐하시고 온전하신 뜻이 무엇인지 분별하도록 하라 _ 로마서 12장 2절
> Don't copy the behavior and customs of this world (NLT)

우리는 이 세상을 본받지 않아야 한다. 하나님을 중심에 두고, 하나님의 선하시고 기뻐하시고 온전하신 뜻을 분별하며 살아야 한다. 세상 프레임에 갇혀 살지 말고, 믿음과 소망과 사랑의 프레임 안에서 살아가야 한다. 그래서 은혜 위에 은혜를 더함 받는 인생 파노라마를 펼쳐가고 찍어가야 한다. 그것이 성도의 빛나는 운명이다. 그 운명을 사랑하며 살아야 할 것이다. 이 세상에서 그 운명을 살아내도록 주님 도우심을 구한다.

운명 단상 8.

사주팔자나 운명은 없다는 말도 맞고, 운명은 있다는 말도 맞다. 중요한 것은 크리스천의 운명 즉, 하나님과 동행하며 살아가면 된다는 것이다. 예수님 만나고 인생이 바뀌고 운명이 바뀌고 영원이 바뀌었다. 이렇게 새로운 운명으로 살아가는 것이다. '마음을 다하여 하나님을 사랑하며 하나님께 의지하며 순종하라.' 이것이 바로 네가 살아야 할 운명이다. '견고하여 흔들리지 말고 항상 주의 일에 더욱 힘쓰라.' 이것이 바로 네가 살아야 할 운명이다. '열심을 내라. 충성하라.' 이것이 바로 네가 살아야 할 운명이다. 그 운명의 길을 잃지 않고 걸어가면 된다.

세상은 말한다. 인생은 미궁/미로를 걷는 것과 비슷하다고. 인생길이 이같이 미로/미궁과 비슷함을 적절히 표현한 노래가 있는데, 예전 인기 아이돌 god라는 그룹의 〈길〉이라는 노래다.

내가 가는 이 길이 어디로 가는지
어디로 날 데려가는지 그곳은 어딘지
알 수 없지만 알 수 없지만 알 수 없지만

오늘도 난 걸어가고 있네

나는 왜 이 길에 서 있나 이게 정말 나의 길인가

이 길의 끝에서 내 꿈은 이뤄질까

무엇이 내게 정말 기쁨을 주는지 돈인지 명옌지 아니면

내가 사랑하는 사람들인지

알고 싶지만 알고 싶지만 알고 싶지만

아직도 답을 내릴 수 없네

자신 있게 나의 길이라고 말하고 싶고

그렇게 믿고 돌아보지 않고 후회도 하지 않고

걷고 싶지만 걷고 싶지만 걷고 싶지만

아직도 나는 자신이 없네

오 지금 내가 어디로 어디로 가는 걸까

나는 무엇을 위해 살아야 살아야만 하는가

나는 왜 이 길에 서 있나 이게 정말 나의 길인가

이 길의 끝에서 내 꿈은 이뤄질까

 세상 사람들은 내가 가는 이 길이 어디로 가는지 어디로 날 데려가는지 그곳은 어딘지 알 수 없다고 노래한다. 나는 왜 이 길에 서 있는지? 이게 정말 나의 길인지? 답을 내릴 수 없다고 노래한다. 오 지금 내가 어디로 가는 걸까? 나는 무엇을 위해 살아야 하는가? 길 위에서 묻고 있다.

그런데 세상 사람들의 인생길은 미로와 같고 미궁과 같지만, 우리는 다르다. 우리는 운명의 길을 사랑하며 그 운명의 길을 걸어가면 된다. 그 길에 주님 동행하시며, 그 길 끝에서 우리를 맞아주실 것이다.

우리가 그 빛나는 운명의 길을 함께 걸어가고 있으니 기쁘구나. 늘 강건해라.

진리라는 것이 무엇이냐고? 절대적인 것? 불변하는 것? 비트겐슈타인의 철학처럼, 말할 수 없는 것에 대한 침묵이, 좋은 답변이 될 수도 있다. 인간 존재와 언어의 한계를 인정하고 논의 대신에 침묵하자는 철학적 태도이다. 하지만 진리라는 것이 무엇인가에 대한 답변은 단순하고 명료하다. 그리고 단순함과 명료함이 인생을 흔들리지 않게 하고 강하게 한다.

네 번째 편지 (진리에 관하여)

진리의 길을 잃지 않기를 바라는 너에게…

진리의 길을 잃지 않기를 바라는, 너에게

대학에 입학한 것을 축하한다. 내가 너를 한 살 갓난아기 때 처음 보았는데, 이렇게 시간이 흘러서 대학생이 되었으니, 놀라울 따름이다. 지난번에 몇몇 청년들과 대화를 나눌 때, 너의 학교 교훈이 '진리'라고 하면서, 더욱 진리를 알아가겠다고 소원했던 네 모습이 자꾸만 떠오른다. 그러자 옆에 앉아 있던 너의 선배가 웃으면서 말했다. "진리가 무엇이지?"

진리가 무엇일까?

세상 사람들은 진리를 밝히고 드러내는 것을 좋아할까? 좋아하지 않을까?

아침의 환한 햇살을 받으며 방 청소를 할 때, 평소에 보지 못했던 먼지들을 보게 된다. 그 환한 빛 속에서 머리카락들도 보인다. 구석구석 숨겨진 더러움들이 보인다. 진리의 빛이 비추어질 때 그렇다. 마음 구석에 숨어 있는 죄의 먼지들을 보게 된다. 교만. 허위. 욕심. 허영. 판단. 그래서 세상 사람들은 진리를 밝히고 드러내는 것을 좋아하지 않는다. 세상 사람들은 진리와 부딪힌다. 진리를 미워하는 것이다.

그 모임에서 너는 웃으면서 말했다.

"저는 귀가 얇아서 왔다 갔다 해요."

그런데 너뿐만이 아니라 사람은 모두 귀가 얇다. 그래서 이리 갔다 저리 갔다 헤맨다. 심지가 견고하지 못하고 상황에 밀려다니며 요동친다. 그러니 불안하다. 곤고하다. 상황에 밀려다니며 요동치는 인생이 되지 않기 위해서 진리를 알아야 한다. 그런데 진리라는 것은 무엇일까? 대학생이 되어 학교에 다니면서 더욱 진리를 알아가겠다는 너의 소원에 찬물을 끼얹는 것이 아닐까 살짝 우려되지만, 진리라는 것에 관해 얘기를 해보려고 한다.

성경에 이런 유명한 말이 있지. "진리를 알지니 진리가 너희를 자유케 하리라." 연세 대학교는 이 말씀을 그대로 교훈으로 사용한다. 그리고 여러 대학에서 교훈으로 내세우는 것 중 하나가 '진리'야. 서울대학교 로고에는 라틴어 'VERITAS LUX MEA'베리타스 룩스 메아라고 쓰여 있는데, '진리가 나의 빛'이라는 뜻이지. 하버드 대학의 모토를 검색하면 역시 'VERITAS'베리타스, 진리이고, 예일 대학은 'LUX et VERITAS'룩스 엣 베리타스, 빛과 진리이거든.

그러면 이러한 학교의 교훈대로, 대학에 가서 열심히 공부하고 졸업하는 학생들은 진리를 알게 되는가? 그래서 불안이나 두려움이 아니라 자유를 누리는 삶이 되는가? 그렇지 않음을 너무나 잘 알고 있지. 자유하지 못하다는 사실을 말이야.

오늘날은 그 어느 시대보다 '자유'에 대한 가치를 내세우며 추구하는 세상이야. 자유! 자유! 하면서 어디까지 나아가고 있니? 동성애까지도. 곧 동성애는 인간이 누릴 인권이며 마땅히 누릴 자유라고 외치지. 남자로 태어났어도 성전환을 통해 여자가 될 자유가 있다고 주장하며, 여자로 태어났어도 남자로 살아갈 자유가 있다고 주장하는 것이야. 곧 성에 대한 자유 결정권까지 주장하는 것이지. 그런데 이렇게 자유를 소리 높여 외치고, 자유를 주장하며 갈망하고, 자유를 위해 투쟁하는데 사람들은 자유를 누리며 살아가고 있는가? 그렇지 못하다는 것이 솔직한 대답이겠지. 왜 그럴까? 그 이유는 진리를 알지 못하기 때문이겠지.

그러면 진리라는 것은 무엇일까?

탁월한 정치가들이 진리라는 것이 무엇인지에 대해서 연설할 수 있을 것이고, 탁월한 철학자나 예술가도 진리라는 것이 무엇인지에 대해서 주장할 수 있을 것이고, 또는 인생의 고진감래를 겪고 성공 신화를 이룬 사람들이 진리라는 것이 무엇인지에 대해 말할 수 있겠지. 축적되어온 인간 역사나 사회 현상들이 진리라는 것이 이런 것이라고 말할 수 있을 테고.

특히 오늘날 유튜브 세상은 더욱 그렇지. 유튜브에 대해서 잠깐 얘기를 나누면 좋겠네. 예전에 아이들이 이런 노래를 부르곤 했었지. "텔레비전에 내가 나왔으면 정말 좋겠네." 그런데 수십여 년이 흘러 지금은 텔레비전에 내가 나오는 세상이 되어버렸어. 알겠지만 유튜브라는 말의 의미가 'You'는 '당신'이고, 'Tube'는 미국에서 텔레비전의 별칭이니까 '당신을 위한 텔레비전 / 당신이 곧 텔레비전'이라는 정도의 의미가 되겠지.

마음만 먹으면 내가 텔레비전이 될 수 있는 세상에 우리가 살고 있으니 말이야. 누구나 유튜브에 나와서 "이게 진리다!"라고 왈가왈부하는 세상.

이 유튜브는 세상에 커다란 변혁을 일으키고 있어. 놀라운 유익을 주기도 하지만, 또한 무서운 해악을 끼치기도 한다는 사실은 누구나 알고 있겠지. 그 해악이라는 게 빙산의 일각이야. 유튜브는 광명한 빛이 될 수도 있고 인간의 욕망을 부추기며 흑암의 어둠이 될 수도 있지. 천사가 될 수도 있고 악마가 될 수도 있어. 따라서 분별력과 절제력이 매우 필요한 세상에서 우리는 살아가고 있는 것일 테지. 세계적 미학자이자 철학자 움베르토 에코가 "인터넷은 신이다! 그것도 아주 멍청한 신이다!"라고 갈파한 것처럼, 유튜브가 아주 멍청한 신이 되고 우상이 될 수도 있고.

유튜브의 폐해는 폭력적이고 선정적이고 자극적인 그런 해로운 영상 말고도 또 다른 위험성이 있지. 흔히 생각하는 부정적이고 파괴적인 것만 위험한 게 아니야. 그럴듯하게 선해 보이고, 그럴듯하게 옳게 보이는 것들이 오히려 더 위험할 수 있지. 감동을 주고 공감하는 매력적이고 멋진 말에 올바른 진리가 무엇인지 생각해 보기도 전에 현혹될 수 있거든. 이러한 미혹의 사회 속에서 올바른 진리의 길을 잘 찾아야 하는데, 진리라는 것은 무엇일까? 시간과 공간을 뛰어넘어서 변치 않는 절대적 원리, 법칙이라고 할 수 있겠지. '지구는 둥글다'라는 사실도, '태양은 동쪽에서 떠오르고 서쪽으로 진다'라는 사실도, '1+1=2'라는 사실도 시간과 공간을 뛰어넘어서 변치 않는 절대적 원리이고 법칙이겠지. 그러면 이것을 진리라고 하는가? 이러한 시간과 공간을 뛰어넘어서 변치 않는 절대적 원리를 진리라고 하는가?

지구는 둥글다. 태양은 동쪽에서 뜨고 서쪽으로 진다. 1+1=2. 이러한 것보다는 인간 생애와 관련된 근원적인 질문에 대한 설명과 대답을 진리라고 규정하는 것이 좋겠군. 예를 들어, 나는 왜 사는가? 나의 죽음은 무엇인가? 죽음 후에 인간은 어떻게 되는가? 폴 고갱은 이런 그림을 그렸지. 〈우리는 어디서 왔는가? 우리는 누구인가? 우리는 어디로 가는가?〉(Where Do We Come From? What Are We? Where Are We Going?) 진리란 이러한 인생의 근원적 질문에 관한 답변이라 할 수 있겠네.

그런데 알다시피 진리란 무엇인가라는 질문에 대해서 수많은 가르침과 강연과 저술이 있는데, 그리고 질문을 풀어가는 해답들이 고매하고 심오한 듯한데, 지혜롭고 감동도 주는 듯한데, 알 듯 말 듯 애매모호하다는 말이야. 복잡하다는 말이야. 그래서 비트겐슈타인의 철학처럼 말할 수 없는 것에 대한 침묵이, 좋은 답변이 될 수도 있지 않겠는가 싶어. 인간 존재와 언어의 한계를 인정하고 논의 대신에 침묵하자는 철학적 태도이지. 맞는 말 같기도 해.

하지만 진리라는 것이 무엇인가에 대한 답변은 단순하고 명료하다. 그리고 단순함과 명료함이 인생을 흔들리지 않도록 돕고 강하게 하고 자유롭게 한다. 너의 학교 교훈이 '진리'라고 하면서 더욱 진리를 알아가겠다고 소원했던 네 모습이 자꾸만 떠오른다. 그러자 옆에 앉아 있던 너의 선배가 웃으면서 말했다. "진리가 무엇이지?"

빌라도 총독은 예수님께 물었어.

> 진리가 무엇이냐? _요한복음 18장 38절
> What is truth?

당시에 경제나 정치나 예술이나 문화나 로마 제국은 무엇이 진리인 줄을 얼마나 주장할 수 있었겠어? 자기들이 최고였는데 말이야. 그런데 빌라도 총독은 "진리가 무엇이냐?"라고 물었거든. 그 물음이 비웃음에서 나왔는지, 진지함에서 나왔는지, 어떠한 상황에서 나왔든지 간에 진리라는 것은 무엇일까?

예수님께서는 이미 세상 모든 이들에게 진리라는 것이 무엇인지 알려주셨지. 어떻게 알려주셨는가?

> 내가 곧 길이요 진리요 생명이니 _ 요한복음 14장 6절
> I am the truth
> 아버지의 말씀은 진리니이다 _ 요한복음 17장 17절
> your word is truth

곧 예수님이 진리라는 것이야. 그리고 하나님의 말씀과 가르침이 진리라는 것이야. 로마 제국의 탁월한 지도자들의 연설이나 주장들이 아니라, 탁월한 철학자나 예술가들의 사상이 아니라, 인생을 많이 살아온 현자들의 지혜가 아니라, 인간 역사나 사회 현상들의 교훈이나 풍조가 아니라, 예수님이 진리이시고, 예수님 말씀과 가르침이 진리라는 것이지. 그리고 그 진리가 인간을 자유케 한다는 것이지. 영원 무궁히 자유케 한다는 것이지. 그리고 상황에 밀려 요동치지 않도록 평안케 하고 강하게 하며.

진리를 알지니 진리가 너희를 자유롭게 하리라! _ 요한복음 8장 32절

You will know the truth, and the truth will set you free

신입생이 되어 대학 생활을 출발하는 네가 성실한 학생으로 학문에 열심을 다하길 바래. 그리고 전공 지식을 부지런히 알아가길 바래. 다 좋은 일이고 바람직한 일이고 훌륭한 일이야! 그런데 그렇게 전공 지식을 알아간다고 해서 또는 세상 사람들이 인터넷 등을 통해 온갖 세상 지식과 정보를 많이 알아간다고 해서, 육아 정보, 투자 정보, 건강과 장수 정보, 취미 생활 정보, 패션이나 음식 정보 등 온갖 세상 지식과 정보를 많이 안다고 해서, 광야 인생의 불안과 근심과 우울과 어둠에서 자유할 힘이 생기는 것 아니고, 평안할 힘이 생기는 것 아니고, 담대할 힘이 생기는 것 아니고, 행복할 힘이 생기는 것이 아니야. 진리를 알지니 진리가 너희를 자유롭게 하리라.

진리라는 것은 무엇인가?
예수님이 진리이시지.
예수님이 하나님이시라는 사실. 예수님이 인류의 죄를 대

진 짊어지시는 희생 어린 양이라는 사실. 예수님만이 인류를 죄와 죽음과 심판에서 건져주시는 구원자라는 사실. 예수님이 메시아요 그리스도라는 사실. 예수님이 나의 알파 시작이요 나의 오메가 끝이라는 사실. 예수님이 인류의 영원한 산 소망이라는 사실. 예수님만이 천국으로 초청하신다는 사실.

그리고 그 말씀과 가르치심이 진리라는 것이지.

하나님이 인간을 창조하셨다고 말씀하셨지. 인간은 하나님을 부인하고, 배척하며 스스로 하나님 되려고 했는데, 그것이 죄의 근원이라고 말씀하셨지. 죄인 된 인간은 심판을 피할 길이 없지만, 독생자 예수 그리스도께서 죄를 구속하기 위하여 이 세상에 오셨고 십자가 희생 죽임을 당하셨다고 말씀하셨지. 죄를 회개하고 예수님을 믿고 영접하는 자는 하나님의 자녀로 다시 태어나고 죄와 심판에서 구원받는다고 말씀하셨지. 지금도 장래도 영원히 천국 시민이 되었다고 말씀하셨지. 예수님께서 이 세상에 다시 오시는 재림의 날에 새로운 세상이 시작된다고 말씀하셨지. 알파와 오메가이신 하나님께서 정하신 때에 새 하늘과 새 땅이 하늘로부터 온다고 말씀하셨지. 보라 속히 그날이 오리라고 말씀하셨지.

인생길에서 예수님이 진리이심을 알고, 예수님의 한 말씀

한 말씀 -죄와 심판과 죽음에 대한 말씀, 영원한 생명과 천국에 대한 말씀, 인생에서 참 행복과 성공에 대한 말씀 등-을 통해 알게 된 그 진리가 불행감이나 허무감이나 공허함으로부터 이겨낼 힘을 주는 것이지. 지치지 않고 인내로 계속 전진할 힘을 주는 것이지. 이 세상의 가치관이나 풍조로부터 믿음을 지키게 하는 힘을 주는 것이지. 그리고 그 힘이 바로 자유이고. "진리를 알지니 진리가 너희를 자유케 하리니."

대학생활을 시작하면서 365일 묵상집 『사랑하는 데오빌로에게』를 읽겠다고 결심을 했었는데 그 결심이 잘 지켜지고 있는지? 네가 진리를 알아가고 진리의 길을 걸어가는 길에 도움이 될 만한 묵상 몇 편을 안내할 테니 유익이 되길 바래.

10월 1일 〈성경 48번째 책, 갈라디아서〉 – We are the Champions 사색

함께 있는 모든 형제와 더불어 갈라디아 여러 교회들에게

_ **갈라디아서 1:2**

그런즉 내가 너희에게 참된 말을 하므로 원수가 되었느냐

_ **갈라디아서 4:16**

바울은 갈라디아 교회를 세우고 떠나왔는데 나쁜 소식이 들렸습니다. 속이는 자들의(2:4) 현혹으로 진리에서 벗어나 잘못된 신앙으로 가고 있었습니다. 바울은 진리 안에서 사랑 나누던 처음 그 때가 행복했다고 추억하면서(4:13-15) 책망합니다. 그리고 묻습니다.

내가 너희에게 참된 말을 하므로 원수가 되었느냐(갈 4:16)

진리를 강하게 말할 때 관계가 나빠지며 원수가 될 수 있습니다. 관계가 나빠지는 것이 싫어서 성경의 진리에 관해 침묵할 수 있습니다. 죄의 진리, 심판의 진리에 대해서

말하지 않을 수 있습니다. 우리에게 죄에 대해서 말하지 말고 바른 것도 말하지 말라는 것이 옛날부터 지금까지 세상 사람들 소리입니다(이사야 30:10).

Queen의 일대기를 그린 영화 〈보헤미안 랩소디〉 공연 끝 무렵 모두가 열광하는 가운데 We are the Champions 가 울려 퍼집니다. 그런데 중간에 이런 가사가 세상 사람들 가슴을 파고듭니다. 하지만 죄는(crime) 안 지었어요. 안 좋은 실수(mistakes)를 하기는 했죠. 실수는 했지만 죄는 안 짓지 않았느냐며 외치는 노래 속에서, 구약 선지자들을 통해 들려주셨던 하나님 음성은 분명합니다.

크게 외치라! 네 목소리 높여 내 백성에게 죄를(sin) 알리라(사 58:1)

좋은 세상 문화를 누리는 것은 권장될 일입니다. 그런데 재미와 공감과 감동을 주는 세상 문화에 하나님의 진리를 대적하는 것들이 있으니, 기독교적 세계관으로 분별해야 합니다. 성도는 '우리에게 진리를 보이지 말라!'는 이 거짓된 세상 속에서 진리를 보이면서 주님 나라를 세워가는 거룩한 영적 싸움 중에 있는 것입니다.

10월 19일 〈골로새서〉 -
공감 되는 멋진 말! 사탄은 간교합니다

누가 철학과 헛된 속임수로 너희를 사로잡을까 주의하라 이것은 사람의 전통과 세상의 초등학문을 따름이요 그리스도를 따름이 아니니라 _ 골로새서 2:8

세상이 공감하는 매력적인 말에 사탄의 유혹이 있음을 명심해야 합니다. 사탄은 간교합니다. 따라서 언제나 교묘하게 세상이 공감하는 멋진 말로 성도들을 유혹합니다.
정치가의 공감 되는 멋진 말, 철학자의 공감 되는 멋진 말, 인권운동가들의 공감 되는 멋진 말, 유명 연예인들의 공감 되는 멋진 말을 통해 사탄은 주님 뜻과 법을 공격할 수 있음을 깨어 주시해야 합니다. 감동되고 매력적인 말을 통해 사탄은 진리를 공격할 수 있음을 깨어 주시해야 합니다. 세상 풍조와 세상 주장이 주님 진리를 공격하고 있지 않은지 깨어 주시해야 합니다.

누가 철학과 헛된 속임수로 너희를 사로잡을까 주의하라(골 2:8)

어느 세미나 타이틀이 〈너가 온전히 너이기를〉 이었습니다. 근사하고 감동적이고 휴머니즘적으로 들립니다. 좋은 인생 철학이 담뿍 담겨 있는 것 같이 들립니다. 그런데 동성애 옹호 세미나였습니다. 너가 온전히 너이기를.

예수님께서 이 세상에 왜 오신 것입니까? 너가 지금의 너로 살면 안 되기 때문에 오신 것입니다. 헤롯과 같이 자신이 왕이 되어 살면 안 되기 때문에 오신 것입니다. 내가 주인 되고 하나님 되는 교만과 죄악 가운데 그대로 살면 안 되기 때문에 오신 것입니다. 그렇게 살면 불행과 파괴와 멸망으로 향하기 때문에 오신 것입니다. 그래서 그 멸망의 길을 막기 위해서 오신 것입니다. 너를 진정으로 고치시고 회복시키시고 살리시기 위해서입니다.

주님. 세상과 사탄의 달콤한 거짓말과 간교한 유혹을 늘 주의하며 깨어 살아가게 하소서. 영적 분별력을 가지고 살게 하소서.

10월 21일 〈데살로니가전서〉 -
그럴듯하게 옳게 보이는 것으로, 속입니다

우리의 권면은 간사함이나 부정에서 난 것이 아니요 속임수로 하는 것도 아니라 _ 데살로니가전서 2:3

데살로니가에는 속임수가 가득했습니다. 물론, 모든 시대 모든 사회도 마찬가지입니다. 크리스천들은 사회 안에서 어떤 거짓들이 세력을 얻고 있는지 영적으로 잘 분별해야 합니다. 흔히 생각하는 부정적이고 파괴적인 거짓만 횡행하는 것이 아닙니다. 사탄이 뻔히 드러날 만한 속임수로 사람들을 삼키는 것이 아닙니다. 그럴듯하게 선해 보이고, 그럴듯하게 옳게 보이는 것들로 유혹하여 진리를 외면케 하고 거짓으로 이끌어가는 것입니다.
예를 들어 이렇습니다. 사랑과 봉사를 말한다고 할지라도, 십자가 희생 죽임당한 예수님 사랑 이야기를 거부한다면 진리를 외면하는 것입니다. 생명의 윤리와 존엄성을 논하지만, 생명의 근원이신 예수님을 제외한다면 진리를 외면하는 것입니다. 상담 심리학과 철학 등 인간을 연구하는 학문이 있는데, 하나님 피조물로서의 인간 기원과 운명에 대한 사실을 빼버리고 있다면 진리를 외면하는 것입니다. 정의/민주/인권을 말하지만, 예수님 가르침과 반한다면 진리를 외면하는 것입니다. 행복을 말하지만, 예수님 없는 인간의 행복은 진리를 외면하는 것입니다.

곳곳에 사탄의 승리 미소가 넘칩니다. 우리는 지난 한 주간 동안 사탄에게 승리의 미소를 안겨다 준 장본인들일지도 모릅니다. 세상과 사탄의 거짓에서 건짐 받을 수 있는 유일한 길이 있는데 그것은 복음의 말씀, 진리의 권면을 듣는 것이라고 데살로니가 성도들에게 알려줍니다.

바흐 〈코랄 프렐류드〉Chorale Prelude

나 이제 주님 앞으로 나아갑니다.
나는 당신을 부르나이다. 주 예수 그리스도여.
(Ich ruf'zu dir, Herr Jesu Christ, BWV 639)

악동 뮤지션(AKMU) 이찬혁의 〈장례희망〉

아는 얼굴 다 모였네 여기에 한 공간에 다 있는 게 신기해
모르는 사람이 계속 우는데 누군지 기억이 안 나 미안해
종종 상상했던 내 장례식엔 축하와 환호성 또 박수갈채가
있는 파티가 됐으면 했네 왜냐면 난 천국에 있기 때문에
오자마자 내 몸집에 서너 배 커다란 사자와 친구를 먹었네
땅 위에 단어들로는 표현 못 해 사진을 못 보내는 게 아쉽네
모두 여기서 다시 볼 거라는 확신이 있네
내 맘을 다 전하지 못한 게 아쉽네
할렐루야 꿈의 왕국에 입성한 아들을 위해
할렐루야 함께 일어나 춤을 추고 뛰며 찬양해
할렐루야 꿈의 왕국에 입성한 아들을 위해
할렐루야 큰 목소리로 기뻐 손뼉 치며 외치세

다섯 번째 편지 (죽음에 관하여)

세상을 떠난 후배에게, 언젠가 죽을 우리와 나에게…

먼저 세상을 떠난 후배에게, 언젠가 죽을 우리와 나에게

투병 생활을 옆에서 지켜봤지만 그래도 건강을 잘 유지하는 편이라서, 그렇게 갑작스러운 부고를 듣고 충격과 함께 오랜 시간 동안 마음이 먹먹했습니다. 후배가 나보다 먼저 죽음을 맞을지는 정말 상상도 못 했습니다. 그의 따뜻하고 온순했던 성품을 잊지 못할 것이고, 만날 때마다 나의 건강을 신경 써 주었던 사랑 역시 잊지 못할 것입니다. 후배를 이 세상에서 떠나보내며 나는 나의 죽음을 조금 더 가까이 내 생각 안에다가 들여놓았습니다. 그리고 죽음이라는 것에 관해서 많은 이들과 함께 나누어야 할 필요성과 절실함을 가지게 되었습니다.

죽음이란 무엇인가?

과학적이거나 의학적인 관점에서 말하려고 하는 것은 없습니다. 철학적이거나 사상적인 관점에서 말하려고 하는 것도 없습니다. 세상은 죽음이라는 것에 관해서 이렇게 풀어나가고 저렇게 해석해 나가지만 방만하고 애매모호합니다. 현대 철학에서 가장 유명한 사람 중 한 명인 셸리 케이건 예일대 교수도 『죽음이란 무엇인가』(DEATH)라는 책을 썼는데, 지난 20년간 예일대 최고의 인기 강의를 책으로 엮은 것이라고 들었습니다. 방대한 분량의 그 책을 직접 읽은 것은 아니고, 한 독자의 후기를 읽은 적이 있습니다. 그는 저자가 5쪽이면 될 이야기를 이렇게까지 길게 썼는지 모르겠다는 부정적인 입장이었습니다. 그러나 나는 그 독자의 견해에 전적으로 동의하지는 않습니다.

죽음이란 무엇인가?

후배의 장례식을 지켜보면서 나는 나의 장례식도 생각해

보았습니다. 아참, 나는 가끔 현충원으로 산책가곤 합니다. 죽은 이들의 비석 사이를 천천히 걸으면서 비문을 차근차근 읽어보는 것이 이 요란한 세상에서 내 마음을 차분하게 합니다.

죽음이란 무엇인가?

'시간성'이라는 유명한 말을 남긴 무신론 철학자 하이데거는 현재에 존재하는 나는 과거 시간의 나를 추억할 수 있고, 미래 시간의 나를 생각할 수 있으며, 이러한 시간성 속에서 존재하는 인간이 진정 본디 삶을 살아가려면 '이것'을 직시해야 한다고 말했습니다. '이것'이란 바로 '죽음'입니다.

후배나 나는 병약함으로 인해 세상 다른 사람들보다 죽음을 직시하는 날들이 많지 않았는가 싶습니다. 그렇게 볼 때 병약함이 세상 살아가는 동안 여러 제한과 제약과 불편과 고통을 주었지만, 그 병약함이 유익과 축복을 주었던 것이 사실입니다.

하이데거는 미래에 오게 될 자기 죽음을 직시해야 오늘 현재를 진정 의미 있게 살아갈 수 있다고 말했는데, 이는 맞는 말입니다. 인간과 인생을 탐구하는 철학자들이 '죽음/끝을 직시하는 것!'을 삶의 중요한 본질로 본 것은 맞는 말입니다.

하지만 생사를 주관하시는 하나님을 부인하는 그들은, 인간 스스로에게서 답을 찾으려고 했으니 답을 찾을 수가 없었습니다. 세상의 죽음학 강의는 차고 넘칩니다. 그냥 단순하게 죽음이라는 단어를 백과사전에서 찾아보면 '생명의 목숨이 끊어지는 일'이라고 표현합니다. 간단하게 목숨이 끊어지는 일입니다.

죽음이란 무엇인가?

비가 내리는 현충원에서 장례 예배를 인도한 적이 있었습니다. 유족 한 분이 심하게 울고 계셨습니다. 나는 이렇게 말씀을 전했습니다.

> 성도에게 있어 죽음은, 말로 다 할 수 없이 슬픈 일이지만, 한편 하나님 은혜의 선물입니다. 죽음은 세상 수고와 불완전함을 끝내고 이제 빛나는 천국으로 돌아오라는 하나님 은혜의 선물입니다. 우리가 고인의 희로애락 파란만장한 삶을 다 알 수는 없지만, 이제는 아버지 집으로 돌아와서 쉬라는 하나님의 은혜의 선물입니다

장례를 마치고 며칠 후에 유족에게서 연락이 왔습니다. 그때 예배드리며 그토록 슬피 울었던 분이 장례 예배 말씀에 큰 은혜를 받았다며 전화를 걸어왔다는 소식을 전해주었습니다.

내가 말하고자 하는 바는, 함께 예배하던 유족과 조문객들에게 죽음에 관한 진리를 나누었다는 사실입니다. 물론 그리운 이를 다시는 이 땅에서 볼 수 없어서 슬퍼하고 눈물 흘리는 것은 인간이 감정을 가졌기에 자연스러운 일입니다. 하지만 진리는 알고 있어야 하며 확신하고 있어야 합니다.

성도에게 죽음이란 무엇인가? 한없이 슬프고 애통한 일이지만 하나님 은혜의 선물입니다. 이 진리를 가슴이 무너지는 슬픔 중에도 잊지 않아야 합니다.

죽음이란 무엇인가?

물리학자 아인슈타인은 "죽음이란 더 이상 모차르트의 음악을 듣지 못하게 됨을 의미한다"라고 정의했다고 합니다. 이 세상에서 더 이상 못 보는 것, 더 이상 못 듣는 것, 더 이상 못 만나는 것.

그러면 모차르트는 죽음에 대해 무엇을 어떻게 생각했을까요? 영화 〈아마데우스〉 AMADEUS에서 소나기가 퍼붓는 밤 희미한 불빛 아래 모차르트의 장례식이 쓸쓸하게 진행됩니다. 모차르트의 〈레퀴엠〉Requiem(진혼곡, 鎭魂曲-죽은 자를 위한 미사)이 울려 퍼집니다. 그 미사곡 내용 중 일부인 〈레퀴엠 Ⅲ 부속가 눈물의 날〉의 가사에는 죽음을 '눈물의 날'이라고 말합니다. '죄인들이 심판을 받기 위해 잿더미 속에서 일어나는 날'이라고 말합니다.

영화 〈아마데우스〉 모차르트의 레퀴엠 중 라크리모사 Lacrimosa(눈물의 날)

Pie Jesu Domine 피에 예수 도미네 자비로우신 주 예수
dona eis requiem Amen 도나 에이스 레퀴엠 아멘 그들에게 안식을 주소서. 아멘.
눈물의 그 날, 바로 그날
죄인들이 심판을 받기 위해 잿더미 속에서 일어날 그 날
눈물의 그 날, 바로 그날
이 사람을 불쌍히 여기소서
하나님의 자비로 용서하소서 자비로우신 주 예수
그들에게 안식을 주소서 아멘

죽음이란 무엇인가?

요한 제바스티안 바흐는 인생의 마지막에 시력을 잃게 되었습니다. 그는 자신이 죽음에 이르렀다고 생각해 사위이자 제자인 앙트니콜을 불러서, 멜로디를 부를 테니 받아 적으라고 했습니다. 이 곡이 〈코랄 프렐류드〉Chorale Prelude BWV 639입니다. 이런 내용입니다. "나 이제 주님 앞으로 나아갑니다. 나는 당신을 부르나이다. 주 예수 그리스도시여." 바흐는 죽음을 이 땅의 주어진 소명을 다하고, 나 이제 주님 앞으로 나아가는 것으로 생각했습니다. 나도 내 죽음을 이렇게 설명하고 싶습니다.

> 이 땅의 주어진 소명을 다하고, 나 이제 주님 앞으로 나아가는 그날 그 시간.

사도 바울도 바흐와 비슷합니다.

> 전제와 같이 내가 벌써 부어지고 나의 떠날 시각이 가까웠도다 나는 선한 싸움을 싸우고 나의 달려갈 길을 마치고 믿음을 지켰으니 이제 후로는 나를 위하여 의의 면류관이 예

비되었으므로 주 곧 의로우신 재판장이 그 날에 내게 주실 것이며 내게만 아니라 주의 나타나심을 사모하는 모든 자에게도니라 _ **디모데후서 4장 6-8절**

나도 내 죽음을 이렇게 설명하고 싶습니다.

믿음을 지키기 위해 선한 싸움을 다 싸우고 나의 달려갈 길을 다 마친 그날 그 시간.

죽음이란 무엇인가?
조 안나스 신부는 '영원히 하나님과 함께 머무를 집으로 가는 날'이라고 했습니다. 나는 장례식 예배를 인도할 때에, 조 안나스의 천국 소망 시를 읽곤 합니다. 후배의 장례식에서도 이 신앙 고백시가 내 머리 속에 맴돌았습니다. 그리고 나의 장례식에도 이 시가 읽히면 좋겠다는 생각을 합니다. 시의 일부 내용입니다.

하나님, 저는 알지도 이해하지도 못합니다.
그러나 하나님, 무한하신 자비의 하나님 저는 믿습니다.

사랑이 모든 것을 할 수 있다는 것을.

눈이 볼 수 없고 귀가 듣지 못하는 것을 당신께서

죽음 너머에 저를 위해 마련해 놓으신 것을.

당신의 이름 안에 저는 내어놓습니다. 생의 남은 시간을,

가장 좋은 것은 아직 오지 않았다는 것을 알고 있기에.

여기 대령하였나이다!

저의 마지막 여정에 내내 함께 하여 주십시오.

그리고 저를 데려가 주십시오.

영원히 당신과 함께 머무를 집으로.

가장 좋은 기쁨과 평화는 아직 오지 않았는데, 후배는 그 안에 거하겠군요. 가장 설레는 사랑은 아직 오직 않았는데, 후배는 그 안에 거하겠군요. 가장 가슴 벅찬 감동은 아직 오지 않았는데, 후배는 그 안에 거하겠군요. 죽음은 바로 그것들이 오는 시작의 날인데, 그 시작을 맛보았겠군요.

나도 내 죽음을 이렇게 설명하고 싶습니다. 죽음이 무엇이냐고 묻는다면, 영원히 당신과 함께 머무를 집으로 부르시는 그날 그 시간이라고 말하겠습니다. 그 빛나는 날까지 생의 남은 시간 주께 드리며 믿음으로 진군하려고 합니다.

죽음이란 무엇인가?

어떤 분과 세상을 떠난 가족에 대한 아픔에 대해 상담했던 적이 있습니다. 그는 암으로 죽은 아내 때문에 슬퍼하고 우울해하였습니다. 생전에 고생만 시킨 것 같다는 죄책감으로 괴로워했습니다. 고인이 하늘에서도 남아 있는 식구들 걱정으로 마음 아파할 거라며 가슴이 무너진다고 했습니다. 그래서 말씀드렸습니다.

고인에 대해서는 걱정하지 마세요. 남아 있는 자들이 아련하고 회한이 있고 그리워 그런거지, 하나님 믿고 천국에 가신 고인은 100% '샬롬' 가운데 계십니다. 다시 눈물이 없고, 고통이 없는 곳에 계십니다. 가장 좋은 곳에 계시니 고인에 대해서는 안심하시고 남은 가족들이 하나님과 동행하며 잘 살아가야지요.

믿음의 사람들이 죽음을 맞으면 걱정할 것이 없습니다. 천국을 가기 때문입니다. 100% 샬롬 가운데 거하기 때문입니다. 이것이 예수님의 가장 큰 약속입니다. 그리고 예수님께서 하신 가장 큰 사역입니다. 물론 예수님께서는 병 고치는 일도 하셨고, 귀신 쫓는 일도 하셨고, 가난한 자들을 먹이시는 일도 하셨습니다. 그러나 예수님께서 하신 가장 큰 사역은 천국 복음을 선포하신 일이십니다.

> 예수께서 온 갈릴리에 두루 다니사 그들의 회당에서 가르치시며 천국 복음을 전파하시며 _ 마태복음 4장 23절

하나님 믿고 신앙생활 하면서 무엇이 달라졌느냐는 질문을 했던 적이 있습니다. 어떤 성도님은 감사하게 되었다고 했습니다. 어떤 성도님은 예수님 믿고 달라진 게 사랑과 이해라고 했습니다. 어떤 성도님은 하루하루 최선의 삶이라고 했습니다. 어떤 성도님은 마음의 평안과 여유라고 했습니다. 어떤 성도님은 자기반성과 회개라고 했습니다. 어떤 성도님은 가난하고 약한 자들을 생각하는 구제와 봉사라고 했습니다. 하나님을 믿고 신앙생활 하면서 무엇이 달라졌는지, 저마다 의미 있는 답변이 있는 것입니다. 좋고 긍정적인 변화입니다.

그런데 알고 있겠지만 위에 말한 내용은 크리스천이 아닌 사람들 인생에서도 달라질 수 있는 것입니다. 좋은 책을 읽으면서 또는 감동적 세미나를 들으면서 감사와 사랑의 삶, 평안

의 성찰의 삶, 가난한 이들을 위한 구제와 봉사의 삶, 그런 변화를 가질 수 있는 것입니다. 훌륭한 멘토를 만나면서 변화되고 달라질 수 있는 것입니다. 시민 단체 등에 속하여 활동하면서 달라질 수 있는 것입니다. 크리스천이 아니더라도 감사와 사랑의 삶, 평안의 성찰의 삶, 가난한 이들을 위한 구제와 봉사의 삶, 그런 변화를 가질 수 있습니다.

하나님을 믿고 신앙생활 하면서 무엇이 달라졌는가?

가장 중요하고 핵심적인 변화는 죽음에 관한 생각입니다. 그리고 천국 소망입니다. 그런데 사실, 이 답변이 달라지지 않았다면 진실로 크리스천이 맞는지 스스로 물어야 할 것입니다. 천국 소망이 있는 것이, 하나님 믿고 신앙생활 하면서 달라진 가장 중요하고 본질적인 답변입니다. 그래서 죽음에 관한 새 노래를 부릅니다. 세상 노래와는 다르므로 새 노래라고 합니다. 많은 익숙한 찬송가들이 있지만, 대중문화 세상 속에서 노래 두 곡을 들어보겠습니다. 하나는 악동 뮤지션 이찬혁의 〈장례희망〉입니다. 장래의 희망이 아니라 내 장례식 희망입니다. 크리스천은 살아도 할렐루야, 죽어도 할렐루야, 나의 장례식장에서도 할렐루야입니다.

또 한 곡은 루이 암스트롱의 〈When the saints go marching in〉입니다. 미국의 전설적인 재즈 가수 루이 암스트롱이 부른 이 노래의 배경은 성경 요한계시록 14장 1절이고 흑인들의 장례식에서 연주되곤 했습니다. 우리나라에서는 송창식, 윤형주, 김세환 등이 함께 부른 노래로 유명하고, 영화 〈쎄시봉〉에 등장하는 노래입니다.

> I am just a weary pilgrim
> 나는 단지 한 명의 약하고 곤고한 순례자입니다
> Plodding through this world of sin
> 이 죄악의 땅을 통과하여 터벅터벅 걸어가는
> Getting ready for that city
> 나는 그 도시를 위해 준비되었습니다
> When the saints go marching in
> 성도들이 행진해 들어갈 때
> Oh when the saints go marching in
> 오! 성도들이 행진해 들어갈 때
> When the saints go marching in
> 성도들이 행진해 들어갈 때
> Oh Lord I want to be in that number

오 주님, 나는 그 무리에 있기를 원합니다

When the saints go marching in

성도들이 행진해 들어갈 때

어둡고 슬픈 장례식에서, 어떻게 이렇게 경쾌한 행진곡풍 노래를 부를 수 있습니까? 죽음이란 끝이 아니고 또 다른 시작, 영원한 천국의 시작임을 믿기 때문입니다. 노래 가사에 보면 간절한 소원이 담겨 있습니다. 나는 약하고 곤고한 순례자입니다. 내가 죽음을 맞을 때, 천국 가는 무리의 행진 명단에 나도 있기를 원합니다.

후배의 죽음과 장례식에서 나는 나의 죽음과 장례식을 보았습니다. 그리고 내 사랑하는 이들의 죽음과 장례식도 보았습니다. 그것은 하나님 안에서 죽을 수 있는 행복이었습니다. 요한계시록 14장 13절, 이 성경 구절은 내가 장례식 예배를 인도할 때에 종종 본문으로 삼는 말씀이기도 합니다.

또 내가 들으니 하늘에서 음성이 나서 이르되 기록하라
지금 이후로 주 안에서 죽는 자들은 복이 있도다 하시매
성령이 이르시되 그러하다 그들이 수고를 그치고 쉬리니

이는 그들이 행한 일이 따름이라 하시더라

　우리는 모두 후배와 같이 이 세상을 떠납니다. 모두 다 장례식을 하게 될 것입니다. 그런데 하나님 자녀인 우리는 이미 결론이 천국 축복으로 정해진 사람들입니다. 내가 죽음의 시간을 통과할 때도, 나의 장례식 때에도 명심할 것입니다. 주 안에 죽는 사람은 영원히 행복하다! 수고를 그치고 완전한 쉼이 있는 본래 고향인 하늘나라로 금의환향할 것이기 때문입니다. 우리는 예수님이 입혀주신 빛나는 의의 옷을 입고, 빛나는 면류관을 쓰고 본향으로 돌아가는 것입니다. 그 본향이 어떤 곳인지 요한계시록에서 이렇게 그려줍니다.

> 모든 눈물을 그 눈에서 닦아주시니 다시는 사망이 없고 애통하는 것이나 곡하는 것이나 아픈 것이 다시는 있지 아니하리니 처음 것들이 다 지나갔음이라 보좌에 앉으신 이가 이르시되 보라 내가 만물을 새롭게 하노라 하시고 또 이르시되 이 말은 신실하고 참되니 기록하라 하시고　_**요한계시록 21장 4-5절**_

　그리고 하나님께서 이렇게 말씀하셨습니다.

> 나는 알파와 오메가요 처음과 마지막이요 시작과 마침(끝)이라 _ 요한계시록 22장 13절

    하나님이 우리의 끝이 되어 주시기에 모든 끝은 희망입니다. '알파와 오메가의 하나님'에 담겨 있는 진리 하나는, 우리의 인생 시간이 흘러 다 끝날 때, 끝이 아니라 새로운 시작이라는 것입니다. 그래서 영국의 마거릿 대처 수상 장례식 때에, 고인이 생전에 좋아했던 T. S. 엘리엇의 시가 낭독되었습니다. 우리의 시작에 끝이 있으며, 우리의 끝에 시작이 있다는 내용의 시입니다.

    성도의 장례식은 끝의 예배인 동시에 새로운 시작의 예배인 것입니다. 이 세상 집에서 끝낼 때, 천국 집에서 시작하는 것입니다. 그래서 고린도후서 5장 1절은 이렇게 기록되어 있습니다.

> 하늘에 있는 영원한 집이 우리에게 있는 줄 아느니라

    우리에게 있는 줄 아나니! 우리가 압니까! 우리에게 영원한 집, 찬란한 집, 최고의 집이 있는 줄 압니까! 이 진리를 알고 확

신하면서 잊지 않고 살아간다면 세상을 이겨나갈 것입니다!

> 두려워하지 말라 나는 너의 알파와 오메가요 너의 시작과 끝이라

세상은 묻습니다. 죽음이란 무엇인가? 어떻게 죽을 것인가? 세상에는 의학적으로, 과학적으로, 철학적으로 수많은 답변이 있습니다. 그런데 진리는 단순하고 명료합니다. 위에서 말해온 것들이 죽음이란 무엇인가에 대한 답이며 어떻게 죽을 것인가에 대한 답입니다.

그 질문과 답의 길에서 바흐를 만나고 바울을 만납니다. 이미 세상을 떠난 후배를 만나고 그 장례식장에 함께 있었던 모든 이들을 만납니다. 현충원에서 슬피 우는 어느 유족을 만납니다. 그리고 나를 만납니다. 예수 그리스도 그분에게 안깁니다.

> 오 나의 죽음이여!
> 나 이제 주님 앞으로 나아갑니다.
> 나는 당신을 부르나이다. 주 예수 그리스도여.
>
> (Ich ruf'zu dir, Herr Jesu Christ, BWV 639)

니고데모, 그는 하나님을 믿는다고 했지만 종교 문화의 사람
이었다.
니고데모, 그는 도덕적 종교적 정치적 리더였다.
그런데 그는 어두운 밤에 예수님을 찾아와 길을 물었다.
그는 길을 알고 싶었고 진리를 알고 싶었다.
니고데모는 지성으로 넘치는 현대인들의 모습과 비슷하다.

그런데 바리새인 중에 니고데모라는 사람이 있으니 유대인의
지도자라 그가 밤에 예수께 와서 이르되

_ 요한복음 3장 1-3절

여섯 번째 편지 (빛나는 광장으로)
사랑하고 존경하는 최인훈 교수님께…

함께 봄나들이 가기로 했었는데, 결국은 세상을 떠나셨다. 풍문으로 들으신 메시아를 죽음의 골짜기를 지나는 그 슬프고, 그러나 빛나는 광장에서 만나셨으리라 소망한다.

최인훈 소설 『광장』의 서문

'메시아'가 왔다는 2천 년래의 풍문이 있습니다.
신이 죽었다는 풍문이 있습니다.
신이 부활했다는 풍문도 있습니다.
코뮤니즘이 세계를 구하리라는 풍문도 있습니다.

우리는 참 많은 풍문 속에 삽니다.

풍문의 지층은 두껍고 무겁습니다.

우리는 그것을 역사라고 부르고 문화라고 부릅니다.

인생을 풍문 듣듯 산다는 건 슬픈 일입니다.

풍문에 만족지 않고 현장을 찾아갈 때 우리는 운명을 만납니다.

운명을 만나는 자리를 광장이라고 합시다.

광장에 대한 풍문도 구구합니다.

제가 여기 전하는 것은 풍문에 만족지 못하고 현장에 있으려고 한 우리 친구의 얘깁니다.

저녁 식사를 마치고 쉬고 있는데 사모님께 전화가 왔다. 대장암으로 투병 중이신 교수님이 사실 날이 얼마 남지 않은 것 같고, 사람들을 만나고 싶어 하지 않으시지만, 나는 만나고 싶어 한다는 말씀을 전하려고 전화하셨다는 것이다. 그래서 내일 아침 일찍 일산 자택으로 찾아가 뵙기로 하고 전화를 끊었다.

내일 뵙겠지만 혹시 체력과 건강이 여의치 않으셔서 많은 대화를 나누는 것이 어려울 수도 있겠다 싶어서 밤 깊도록 편지를 썼다. 지난 시간 교수님과 내가 나누었던 대화들을 다시 떠올리는 기억의 사랑 편지라 할 수 있겠다. 내일 방문하여 약간의 대화를 나누다가 편지를 전해 드리려고 한다. 그리고 두 손을 꼭 붙들고 기도까지 할 것이다. 그리고 따뜻한 5월 봄날에 나들이 가시자고 권해야겠다는 생각도 한다.

사랑하고 존경하는 교수님께

기억나시는지요? 지난가을에 댁을 찾아뵈었을 때는 거실에서 시간 가는 줄 모르고 3시간 가깝게 대화를 나누었습니다. 몇 년 전에 2박 3일로 통영과 거제도 포로수용소 여행을 함께 다녀온 이후로는 가장 오랫동안 얘기를 나누지 않았는가 싶습니다. 그때 거제도 바다를 배경으로 교수님 사모님과 저희 내외 함께 찍은 사진은 아마도 종종 꺼내어 볼 것 같습니다. 다음에 또 함께 여행을 떠나게 될 날을 기다립니다.

기억나시는지요? 지난가을 댁을 찾아뵈었던 그 날, 교수님께서 "소련이라는 거대한 나라가 어찌 그토록 허망하게 붕괴되었을까? 그리고 북한 체제는 언제까지 유지될 수 있을까?"라는 화두와 함께 이런 말씀을 하셨습니다.

"소련이 미국과의 전쟁에서 패망한 것도 아니고, 힘이 없어서 주변 나라에 침략당한 것도 아니고, 핵까지 보유한 국가였는데 어찌 그리 하루아침에 무너져 버렸을까? 빈민국도 아니고, 문화 수준이 낮았던 것도 아니고, 세계를 제패하고 있었던 최강의 나라였는데 말이야."

코뮤니즘이 세계를 구하리라는 풍문을 들으셨던 교수님께서는 어떻게 하루아침에 그런 일이 일어났는지 의아해하셨습니다. 그래서 제가 조심스럽게 말을 꺼냈습니다.

"솔제니친이라는 노벨 문학상을 받았던 소련의 위대한 작가가 있지 않습니까. 그 솔제니친이 어느 강연에서 자기 조국 소련이 붕괴한 원인에 대해 해석했던 적이 있습니다. 하나님을 믿지 않는 분들은 받아들이기 어려우실 텐데…. 솔제니친은, 소련이 붕괴한 것은 자기 국민이 하나님을 잊어버렸기 때문이라고 해석한 것입니다.

'공산주의는 왜 그처럼 허망하게 실패하고 말았는가?' 이 질문에 필립 얀시라는 분도 솔제니친과 유사한 해석을 했습니다. 소련 공산당은 국민에게 하나님을 철저히 삭제시키면서 이렇게 세뇌했다고 언급하였습니다. 어려울 때 그분을 믿어라. 힘이 들 때 그분을 생각하라. 그분을 의지하라."

그러자 교수님께서 이렇게 화답하셨지요.

"그분이란, 스탈린을 말하는가 보군. 스탈린을 생각하고 믿으라는 거지!"

"네 그렇지요. 소련은 하나님 대신에 스탈린, 레닌 등의 지도자를 의지하게 하지 않았습니까. 그리고 하나님 대신에 공산주의 이데올로기와 이상을 의지하게 하지 않았습니까. 잠시는 공산주의가 위세를 떨치는 듯했지만, 하나님을 잊어버리고 하나님을 알지 못하여 결국은 패망으로 끝나버렸다는 것입니다."

그러자 교수님께서 가만히 말씀하셨습니다.

"솔제니친이나 크리스천들은 그렇게 해석할 수 있겠군."

기억나시는지요? 교수님께서, "북한 체제는 언제까지 유지할 수 있을까?"라는 말씀도 꺼내셨길래 역시 제가 조심스럽게 말을 이어갔었지요.

"교수님, 성경에 사도행전이 있습니다."

그러자 화답하셨지요.

"그래. 사도행전 알고 있지."

"거기에 이런 말씀이 있습니다. '하나님이 세상의 연대를

정하시고 거주의 경계를 한정하셨사오니.' 그리고 구약 성경에 욥기에 보면 이런 말씀이 있습니다. "민족들을 커지게도 하시고 다시 멸하기도 하시며 민족들을 널리 퍼지게도 하시고 다시 끌려가게도 하시며"욥기 12:23 교수님처럼 하나님을 안 믿으시는 분은 어떻게 받아들이실지 모르겠지만, 세계 역사는 하나님의 허락하심에 이루어진다는 것입니다. 로마 제국의 경계가 어디까지 커지게 되며 언제 멸망하게 되는지? 독일은 어떻게 동독과 서독으로 분리되었다가 언제 통일되는지? 지금 세계 최강국 미국이 얼마나 강성하게 되고, 언제 멸망하게 되는지? 그리고 북한 체제는 언제 무너지고 한국과 언제 통일될 수 있을는지? 또는 끝내 통일은 안 이루어질는지? 모두 다 하나님이 한정하시고 허락하신다는 것입니다."

역시 교수님께서 제 말을 가만히 듣고 계셨습니다. 그런데 언제나 만날 때마다 늘 인자하신 미소를 머금으시면서 제 말을 잘 경청해 주셨습니다. 참 고맙습니다. 그리고 계속해서 제가 조심스럽게 말을 이어갔습니다.

"그런데 하나님은 세계 역사뿐만이 아니라 내 모든 삶도 절대 주권으로 다스리고 계십니다. 나의 생명은 하나님의 절대 주권 안에 시작됩니다. 하나님의 주권적인 계획이 없으면 태어날 수가 없는 것입니다. 그리고 내 인생의 스토리는 하나님의 절대 주권 안에서 진행됩니다. 그리고 내 인생의 마지막도 하나님의 절대 주권 안에 마무리됩니다. 모두 하나님 손바닥을 벗어날 수 없는 것입니다."

그날, 종교는 관해서도 대화를 나누었습니다. 교수님께서 말씀하셨습니다.

"기독교나 불교나 종교는 궁극적으로 같은 것이 아니겠는가?"

그래서 제가 신학자 몰트만 얘기를 꺼냈습니다.

"신학자 중에 몰트만이라는 사람이 있습니다. 그 사람은 이러한 말을 남겼습니다. '예수가 이 세상에 가져온 것은 새로운 종교가 아니라 새로운 생명입니다.' 교수님처럼 하나님을 믿지 않는 사람들은 받아들이기가 어려우시겠지만, 기독교는 불교나 유교나 이슬람교나 힌두교와 같은 종교의 하나가 아니라 생명입니다."

그리고 제 큰딸 예린이의 어렸을 때 얘기를 꺼냈습니다. 한번은 예린이가 날카롭게 따져 드는 친구로 인해 당황한 일이 있었습니다. 그 친구는, 왜 교회 다니는 사람들은 예수님만 믿어야 하고 부처님을 믿으면 안 된다고 하느냐고, 그 이유가 뭐냐고 따졌다고 합니다. 제 딸은 아무 대답도 못 해주었다며 풀이 죽어 집으로 돌아왔었습니다. 그래서 그 당시에 제가 큰딸에게 이렇게 설명해 주었습니다. 부처님은 네팔 어느 나라 왕자로 태어난 아주 훌륭한 분이신데, 그분이 너무 훌륭한 성인 중의 성인이다 보니 사람들이 하나님처럼 떠받들기 시작한 거라고. 불상을 만들어 놓고 그 앞에서 소원을 빌고 절하면서 하나님처럼 섬기게 된 거라고.

자신은 인간인데, 사람들이 자신을 하나님으로 섬기니, 그 선하시고 훌륭하신 석가모니께서는 얼마나 곤란하셨겠느냐고. 이것은 정말 석가모니가 의도하신 바가 아니라고. 부처님은 인간들이 진실로 우러러보며 인간의 귀감으로 삼을 분이지, 신으로 섬길 분이 아니라고. 부처님은 자신을 하나님/신이라고 말한 적이 한 번도 없다고. 왜냐하면 그분은 신이 아니라 인간이기 때문이라고. 그러나 예수님은 어떠냐고. 예수님은 스스로 하나님이라고 말씀하신 분이라고.

그러자 큰딸이 분명한 답변을 얻은 듯 기뻐하면서 다음날 학교에 가서 다시 전했다고 합니다. 그런데 오후에 분을 삭이지 못하고 돌아왔습니다.

"아빠, 내가 친구한테 그렇게 얘기했더니, 내 친구가 그렇다면 예수님이 교만해서 싫데! 얼마나 교만하면 스스로 하나님이라고 말하느냐면서, 그런 말 안 하는 부처님이 훨씬 겸손하다고 자기는 부처님 믿을 거래!"

옆에서 언니의 이야기를 전해 들은 동생 해린이는 너무나 안타까운 듯이 이렇게 말했습니다.

"그러게, 예수님이 왜 그러셨어! 하나님이라는 말은 하지 말지! 정말 교만해 보이잖아!"

열심히 제 말을 들으시던 교수님은 그 때 환하게 웃음을 지으셨습니다. 그 웃음이 저에게 참 따뜻했습니다. 그런데 돌아보면 교수님은 언제나 제게 따뜻하셨습니다. 그리고 늘 제 딸들의 안부를 물어보곤 하셨습니다. 참 고맙습니다. 그리고 제가 계속 말을 이어갔습니다.

"그런데 예수님은 세계 3대 성인 중의 한 사람이라고 평가되는 분인데 어떻게 교만하실 수 있겠습니까? 예수님의 고매한 인격은 세상이 인정하지 않습니까. 그렇게 흠 없는 예수님이 '나는 하나님이다!'라고 말씀하신 겁니다. 교만하셔서 그런 말씀을 하신 것도 아니시고, 농담하시려는 것도 아니시고, 거짓을 말하는 분도 아니시고…. 그러면 왜 그런 말을 하셨겠습니까? 하나님을 안 믿는 사람들은 받아들이기가 어렵겠지만,

진실로 하나님이시기 때문입니다. 이슬람의 마호메트나 불교의 석가모니는 '내가 길에 관해서 가르치겠다. 진리에 관해서 가르치겠다. 생명에 관해서 가르치겠다'라고 말은 하겠지만 '내가 생명 그 자체다. 내가 진리 그 자체다. 내가 길 그 자체다'라고 말하진 않습니다. 그런데 예수님은 다르게 말씀하십니다."

그러자 경청하시던 교수님께서 조용히 웃으시면서 화답해주셨습니다.

"내가 곧 길이요 진리요 생명이다. 그렇게 말했지."

"예, 맞습니다. 성경에서 말하기를 예수 그리스도는 하나님의 본체라고 말합니다. 한 아기가 오셨는데, 그 아기는 전능하신 왕이요, 영존하시는 아버지라고 말합니다. 성탄절에 아기로 태어난 그분이 전능하신 왕이요 영존하신 아버지라는 것입니다."

교수님, 내일 뵙겠지만 지난 가을날에 제가 교수님과 3시간여 동안 대화를 나눈 그때의 건강을 회복하시길 바랍니다. 참 그리고 그날 또 하나의 주제가 '죄가 무엇이냐?' 하는 것이었습니다. 교수님은 문학에만 일평생 바치시며 선하게 살아오신 분입니다. 게다가 법대를 다니셨기에 죄도 아시고 법도 아시는 분이십니다. 그러한 교수님께 저는 죄를 설명했습니다. 기억나시는지요?

"성경에서 인간은 모두 다 죄인이라고 선언합니다. 그런데 성경에서 말하는 죄는 세상에서 흔히 말하는 죄와 본질적인 면에서 다른 점이 있습니다. 증오, 분노, 거짓, 사기, 강도, 상해, 살인 등 사회에서 말하는 죄와 다릅니다. 물론 당연히 그것들도 죄이지만, 성경에서는 본질적인 죄를 말하고 있습니다.

성경의 첫 책 창세기는 시작을 말하고 있습니다. 세상의 시작을 말하고 있습니다. 인류/인간의 시작을 말하고 있습니다. 그런데 또 한 가지 시작을 말합니다. 바로 죄의 시작입니다. 인간의 죄가 어떻게 시작되었는지를 창세기에서 말합니다. 하나님께서 인간을 창조하시고 풍성한 에덴동산에 살도록 하셨습니다. 모든 것을 다 누리도록 허락하셨습니다. 그런데 딱 한 가지만은 허락하지 않으셨습니다. 금단의 열매입니다. 동산의 풍성함을 마음껏 다 누려도 되지만, 딱 한 가지만 안 된다고 했는데, 인간은 그것조차도 욕심이 생겼습니다. 하나님은 하나님 되시며 인간은 인간 되어야 한다는 경계가 금단의 열매인데, 아담과 하와는 그 경계와 질서조차 깨버렸던 것입니다.

그런데 그들이 금단의 열매를 먹은 궁극적인 이유가 창세기 3장 5절에 있습니다. 사탄이 꼽니다. '하나님이 손대지 말라고 하신 이 과일을 먹으면, 하나님과 같이 될 거다!' 금단의 열매를 먹은 이유는, 하나님처럼 되고 싶었던 교만입니다.

교수님, 하나님처럼 되고자 하는 교만이 바로, 성경에서 말하는 죄의 근원이며 뿌리입니다. 이 죄의 뿌리로부터 탐욕, 질투, 거짓, 분노, 사기, 강도, 살인 등 온갖 죄의 열매들이 주렁주렁 열리는 것입니다."

그날, 교수님이 부족한 제자의 말을 얼마나 잘 경청해주시던지요! 그래서 제가 속으로 다시 한번 교수님을 존경하게 되었습니다. 저는 계속 이야기를 했습니다.

"하나님처럼 되려는 인간의 교만이 어떤 것인지를 도스토예프스키의 『카라마조프가의 형제들』이란 소설 주인공의 독백에서도 찾아볼 수 있습니다. 우리도 이러한 독백을 하지 않습니까! '만약에 하나님이 계시지 않는다면, 나는 마음대로 할 수 있을 텐데!'

내 마음대로 살고 싶어 하는 인간에게, 하나님은 부담스러운 존재입니다. '이것은 하라! 이것은 하지 말라!'며 자신의 삶을 간섭하는 하나님이 계시지 않으면 좋겠다는 생각을 가지게 됩니다. 그리고 내가 하나님처럼 되고 싶은 생각을 가지게 되는 것입니다. 바로 이 교만이 인간 죄의 뿌리요, 근원이라고 성경은 가르치고 있는 것입니다. 바로 이 죄를 회개하라는 것입니다. 그런데 인간에게는 자유 의지가 있어서, 죄를 인정하고 회개하는 선택을 할 자유도 있고, 반대로 죄를 인정하지 않고 회개하지 않는 선택을 할 자유도 있는 거지요."

참 그리고 교수님은 죽음에 관해 생각이 많으셨습니다. 그러면서 이렇게 말씀하시는 것입니다.

"인간이 죽으면 다 끝이지."

아참 제 아내의 기억입니다. 언젠가 아내와 함께 뵈었을 때, 교수님이 이렇게 말씀하셨답니다.

"크리스천들이야 하나님을 믿고 확신을 가지고 살아가는데, 나는 어디서 왔다가 어디로 가는지도 몰라"

그러자 제 아내가 교수님께 여쭈었습니다.

"4년 전인가 인사드리러 왔을 때, 교수님은 갈수록 신이 없다는 쪽으로 생각이 굳어졌다고 말씀하셨잖아요."

그러자 교수님은 대답하셨습니다.

"아 그때 내가 그렇게 나쁜 말을 했던가?"

교수님뿐만이 아니라, 믿음 없는 세상 사람들은 다 이런 생각을 합니다. 믿음이 없는 우리 부모님들, 우리 자녀들, 우리 친구, 동료, 이웃은 다 이런 생각을 합니다. 인간이 죽으면 다 끝이라고요. 그래서 제가 말을 받았습니다.

"인간이 죽는다고 끝이 아닙니다. 성경에 히브리서라는 책이 있습니다. 거기에 '한 번 죽는 것은 사람에게 정해진 것이요!'라고 기록되어 있습니다. 세상에서 이 진리를 부정하는 사람은 아무도 없을 겁니다. '한 번 죽는 것!' 누구나 다 받아들입니다. 그런데 '한 번 죽는 것은 사람에게 정해진 것이요'라는 성경 말씀 뒤에 곧바로 이어지는 내용이 있습니다. '그 후에는 심판이 있으리라' 입니다. 즉, '한 번 죽는 것은 사람에게 정해진 것이요 그 후에는 심판이 있으리라' 입니다.

두 가지 사실이 모두 진리입니다. 그런데 세상 사람들은, 인간이 죽는다는 것은 진리로 받아들이고, 죽음 후에 심판이 있다는 것은 외면합니다. 둘 다 엄연한 진리인데 말입니다. 한 번 죽는 것은 아무도 피할 수 없는 틀림없는 진리이지만, 그 후에 심판이 있는 것도 인간이라면 누구도 피할 수 없는 틀림없는 진리인데 말입니다."

그렇게 교수님과의 대화를 3시간을 이어갔습니다. 교수님이 80세 되신 고령이심에도 불구하고 건강과 집중력과 총기에 제가 놀랐습니다. 저는 마지막 스퍼트를 올리며 계속 이어갔습니다.

"교수님, 인간은 죽음 후에 심판이 있기 때문에, 심판에서 구원을 받으려면, 죄를 회개하고 용서를 받아야 합니다. 예수님께서도 사역을 시작하시면서 세상 사람들에게 처음 외치신 말씀이 '회개하라'였습니다. 처음 외치신 말씀은 '평화하라, 기뻐하라'가 아니었습니다. '감사하라, 사랑하라, 희망하라'가 아니었습니다. '회개하라'였습니다. 그리고, 회개해야 할 가장 근본적인 죄는, 하나님을 부정하며 하나님 말씀을 부정하며 내가 하나님처럼 되어, 내 마음 내 생각대로 살아가려는 교만입니다. 이 교만의 죄를 회개하고 예수님을 영접해야 합니다."

그 때, 가만히 들으시던 교수님께서 물으셨습니다.

"영접한다?"

영접이라는 성경적 용어가 궁금하셨나 봅니다. 그래서 제가 말씀드렸습니다.

"네. 크리스천들은 보통 '영접한다'라고 말합니다. '복음을 영접하세요. 진리를 영접하세요'라고 말합니다. '영접한다'의 의미는 영어 단어로 보면 조금 더 쉽게 이해할 수 있습니다.

'Receive'(받아들이다)입니다. 무엇을 받아들여야 하느냐? 세 가지로 요약할 수 있습니다.

첫째는, 사람이 평생 많은 죄를 지으며 살아가는데 - 미워하고 거짓말하고 훔치고 헐뜯고 중상모략하고 분노하고 폭력을 쓰고 등등 - 일평생 죄를 지으며 살아가는데, 이 모든 죄의 뿌리가 있다는 것입니다. 인간 죄의 뿌리와 근원은, 피조물이 창조주를 부인하는 것입니다. 창조주이신 하나님을 부인하고 거역하며 스스로 하나님처럼 살아가는 교만입니다. 내 안에 하나님이 주님으로 계셔야 하는데, 하나님을 밀쳐내고 자신이 하나님 되고 주님 되어서 살아가는 교만이 인간 죄의 근원이라는 사실을 시인하고 받아들이는 것입니다.

둘째는, 이렇게 죄 가운데 살아가는 인간에게 공의로운 심판이 있습니다. 그런데 하나님은 완전히 거룩하신 분이시기 때문에 죄에 대해서 슬쩍 봐주시는 불의한 심판을 하실 수가 없습니다. 못 본 척 눈감아 주시는 불의한 심판을 하실 수 없습니다. 100% 정의의 심판을 내리실 수밖에 없으십니다.

그 공의로운 심판에서, 나는 스스로 구원할 길이 없습니다. 나의 학문으로 내 죄를 씻고 '나는 죄 없습니다'라며 의로운 자로 심판대에 설 수 없고, 착한 행위를 많이 하여서 내 죄를 씻고 '나는 죄 없습니다'라며 의로운 자로 심판대에 설 수 없고, 나의 소유와 물질로 내 죄를 씻고 '나는 죄 없습니다'라며 의로운 자로 심판대에 설 수 없습니다. 나로서는 죄 문제 해결의 답이 없는 것입니다.

그런데 인간들을 구원하시기 위해 예수 그리스도께서 이 땅에 오셨습니다. 죄인 된 내가 마땅히 받아야 할 형벌을 예수님께서 십자가에서 대신 받아주시며 희생 죽임당하심으로 모든 죄가 용서받는다는 사실을, 시인하고 받아들이는 것입니다. 죄와 심판으로부터의 구원이 나 스스로에게는 해답이 없고, 십자가 예수님께만 해답이 있다는 사실을 시인하고 받아들이는 것입니다.

셋째는, 우리의 죄를 짊어지시고 십자가에서 죽으신 예수님께서 사흘 만에 부활하셨습니다. 그 부활의 예수님을 나의 구원자시며 주님으로 믿음으로, 나 역시 죽음이 끝이 아니라, 천국을 약속받게 됨을 믿고 받아들이는 것입니다. 영원한 생명을 얻음을 믿고 받아들이는 것입니다. 이 세 가지 진리를 받아들이는 것이 영접하는 것입니다.

사도 바울은 아테네 시민들이 모여 있는 아레오바고 광장에서 예수 그리스도를 전했습니다. 우상의 제단 옆에서, 무신론주의자들 앞에서, 최고의 지성인들인 에피쿠로스와 스토아 학자들, 최고를 자랑하는 철학자들 앞에서 죄와 심판과 회개에 대해서 말했습니다. 예수 그리스도에 대해서 말했습니다. 부활에 대해서 말했습니다. 그러자 군중들 속에서 세 부류의 반응이 나타났습니다. 어떤 사람들은 비웃고 조롱하였습니다. 또 어떤 사람들은, '그게 무슨 얘기냐? 다시 말해 보라!'고 관심을 보였습니다. 그러나 또 다른 반응도 있었습니다. '믿으니!'입니다. 하나님께 돌아오는 영혼들이 있는 것입니다. 영접했다는 것입니다."

지난 가을날 교수님 댁을 방문했을 때 3시간의 대화, 너무 아름답고 귀한 추억이라, 제가 정리해둔 것을 오늘, 이 밤에 서둘러 편지로 적었습니다. 벌써 밤이 매우 깊었습니다. 잠을 조금 늦게 이루게 되었지만, 이렇게 편지를 쓰니 참 기쁩니다. 내일 찾아뵙고 편지를 드리겠습니다.

언제나 저를 사랑해주셨고 존중해 주신 교수님. 일찍 아버지를 여읜 제게 교수님은 때로 아버지와 같았습니다.

기억나시지요? 수십여 년 전 인사동 거리를 함께 걸으며 가진 추억들. 때로는 최루탄 가스가 매케했습니다. 앞에 가시고 뒤를 따르고 저는 그 동행이 참 좋았습니다. 그리고 때로는 갈현동 댁까지 함께 가서 사모님이 만들어 주신 식사를 하기도 했습니다. 사모님의 정성이 담긴 음식들은 잊혀지지 않습니다.

기억나시지요? 외국 유학을 다녀오라고, 문화 인류학과를 공부해서 한국으로 돌아오라고, 그런데 제가 신학의 길로 들어선다고 했을 때, 크게 아쉬워하시면서 신학은 학문으로만 하고, 다시 문학으로 나오라고 저를 기다려주셨던 교수님. 신학의 길로 가는 제자를 그토록 아쉬워하셨는데, 십수 년 지나서 다시 만나게 된 후에, "제자 중에 목사님이 있어서 좋네"라고 말씀을 주셨던 일.

기억나시지요? 교수님, 사모님과 2박 3일 동안 대전, 거제와 통영 여행을 다녀왔던 일. 거제 포로수용소를 거쳐서 통영의 밤을 걷다가, 거제도 앞바다가 보이는 호텔에서 탁 트인 바다를 보시며 참 좋아하셨던 웃음.

제가 믿게 된 예수님을 교수님과 사모님도 믿게 되길 기도합니다. 그래서 이 땅에서뿐만 아니라 저 천국 광장에서도 동행할 수 있기를요!

박석환 드림.

다음 날 일찍 일산으로 찾아뵈었다. 마지막 모습이 될 것 같아서 가는 길 내내 가슴이 먹먹했다. 거실의 조명은 다른 때보다 어두웠다. 키우는 강아지가 잠시 짖었다. 그 강아지는 앞을 못 보는 불구 유기견 강아지인데, 키우고 계셨다. 불구 유기견을 키우시는 두 분 모두 참 따뜻한 마음을 품은 분들이다. 잠깐 얘기를 나눈 후 손을 꼭 붙잡고 기도를 했다. 편지를 꼭 읽어보신다고 했다. 교수님의 성품상 빈말하시는 분은 아니기에, 꼭 읽어보실 거라 믿어졌다. 날씨가 따뜻한 5월이 오면, 가까운 여주 강변으로 봄나들이 모시고 가겠다고 약속하고 댁을 나왔다.

건강이 더욱 안 좋아지셔서 5월 봄나들이는 가지 못했다. 그리고 가을에 세상을 떠나셨다. 풍문으로 들으신 메시아를 죽음을 지나는 그 슬프고 그러나 빛나는 광장에서 만나셨으리라 소망한다.

두 사람이 뜻이 같지 않은데 어찌 동행하겠으며
_ 아모스 3장 3절

우리가 주님의 기쁨으로 동행하려면 우리의 뜻과 생각을 주님 뜻과 생각에 맞추어야 하겠지.
찬송가 430장 가사가 이렇게 시작된다. "주와 같이 길 가는 것 즐거운 일 아닌가." 따라서 주님을 믿고 주님과 같이 길을 가며 동행하는데도, 즐거움보다 슬픔이 많고 염려가 많고 낙심이 많다면, 무엇이 잘못된 것일까? 생각이 잘못되어 있기 때문일 가능성이 커. 주님 뜻과 생각이 아니라 세속적인 세상 뜻과 생각을 따라가기 때문에 말이야.

일곱 번째 편지 (성공이라는 것에 관하여)
꼭 성공하고 싶다고 말했던 너에게

꼭 성공하고 싶다고 말했던 너에게

오늘 저녁 식탁에 초청해 주어서 고마웠고, 오랜만에 많은 시간 함께 했구나. 대화의 끝 무렵에 나온 '성공'에 대한 주제. 시간이 너무 늦은지라 얘기를 나누지 못하고 헤어져서 메일을 쓰게 되었다.

성공이란 무엇인가? 성공적인 인생이란 무엇인가?

답변이 어렵다고 생각할 수도 있겠지만, 사실 답변은 단순하고 명료하다.

물론 성공의 척도는 사람마다 다른 데다가, 개인마다 태어나 마주하게 되는 환경도 다르고, 개개인 원하는 선호도 역시 다양하고, 삶의 방향과 기준도 다르므로 편륜적인 잣대만으로 성공이라 정의하기에는 쉽지 않겠지. 그런 데다가 우리 사회에서 성공이란 무엇인가에 대한 정의 자체를 부정하거나 더 나아가 성공을 삶과 인생에 더 이상 큰 의미를 두지 않는 사례도 증가하는 추세가 보이는 것 같아. 그런데도 '이것이 성공이다! 이것이 성공적인 인생이다!'라는 정의를 단순하고 명료하게 내릴 수 있다고 생각해.

성공이란 무엇인가? 성공적인 인생이란 무엇인가?

먼저, 성공이 무엇인가에 대한 명언이나 연설들이 있는데, 청년 시절에 내 마음에 가장 인상적으로 남았던 명언은, 영국 정치가였던 윈스턴 처칠의 말이었다. "성공은 '실패를 거듭해도 열정을 잃지 않는' 능력이다."(Success is the ability to go from failure to failure without losing your enthusiasm.) 내 청년 시절에 감동을 주었던 명언이었지. 그렇다고 처칠의 명언, 이것이 성공이라고 정의 내리려는 것은 아니야.

미국의 전 대통령 오바마는 세상에서 가장 성공한 사람은 가장 실패를 많이 했던 사람이라고 연설하며, 해리포터의 저자 조안 롤링과 농구 황제 마이클 조던의 예를 들었지. 그는 그들이 성공했던 이유는 실패가 자신을 규정하도록 내버려 두지 말아야 한다는 사실을 알았다는 것이라고 말했다. 여러분의 실패가 당신을 가르치게 해야 하며, 자신의 실패가 다음에 어떻게 다르게 행동할지 알려주게 해야 한다고 말했지. 역시 감동을 주는 연설이었어. 그렇다고 오바마의 연설, 이것이 가장 성공적인 사람이라고 말하려는 것은 아니야.

예전에 연예인 강호동씨가 성공에 관해서 이런 말을 했다고 들었다. 인생에는 성공과 실패가 있다는 생각은 틀렸다는. 뭐가 실패인가? 대학 떨어지면 실패인가? 취직 안 되면 실패인가? 인생은 성공과 실패가 있는 것이 아니라 성공과 과정만 있다는.

전 국가 축구 대표 이영표씨도 이런 좋은 말을 남겼다고 들었다. "성공이 성공이 아니고 실패가 실패가 아니다."

이러한 촌철살인은 우리 사회에, 특히 청년들에게 긍정적이고 유익한 영향을 끼쳤을 것으로 생각한다. 하지만 여전히 물음은 계속된다. "그래서 성공이란 무엇인가요? 성공적인 인생이란 무엇인가요?"

너는 365일 묵상집 『사랑하는 데오빌로에게』를 날마다 차근차근 곱씹어가면서 소화시키려고 애를 쓴다고 말했었지. 1월 30일 묵상은 성공에 관한 내용인데, 기억나는가? 그날의 묵상 제목은 "차라리, 성공하지 않는 것이 좋을 뻔했네"였고, 내용은 다음과 같아.

> 쉬지 않고 성도를 위해 기도합니다. 진로가 열리는 은혜를 주십시오. 건강이 회복되는 기적을 주십시오, 경제 형편이 풀리는 응답을 주십시오. 주님. 종의 간절한 중보를 들어주소서. 그런데 간혹 경험하게 되는 것이 있습니다. 사람이 형편이 좀 풀리면 신앙생활 잘할 줄로 기대했는데, 그게 아니더라는 것입니다.
>
> 어려울 때는 낮은 마음으로 하나님 붙들며 하나님을 가까이 하다가, 일이 잘 풀리면 하나님과 멀어지는 경우가 많습니다. 환경이 어려울 때 낮은 마음으로 신앙생활을 참 잘했습니다.
>
> 주님을 사랑했고 순종했습니다.
>
> 그런데 형통해지자 하나님을 멀리하는 교만에 빠지는 것입니다.
>
> 그러면 이러한 안타까운 마음마저 들게 됩니다.

차라리 그 형제님, 형통하지 않는 게 좋을 뻔 했네.

차라리 그 자매님, 성공하지 않는 게 좋을 뻔 했네.

인생에서 무엇이 정말로 성공이며 형통입니까?

세상 형통 속에서 하나님을 잊어버린다면, 그것은 성공이 아닙니다. 하나님은 말씀하십니다.

여호와를 잊어버리지 않도록 삼갈지어다(신명기 8:11).

마음이 교만하여 하나님을 잊어버릴까 염려하노라(신명기 8:14)

진정 성공적인 인생은, 하나님을 알고 하나님을 사랑하고 하나님께 순종하는 삶입니다.

(기도) 주님. 늘 낮은 마음으로 성공적인 인생 살아가도록 저를 붙드시고 도와주십시오. 사랑하는 모든 이들이 성공적인 인생이 되게 도와주옵소서.

성공이란 무엇인가? 성공적인 인생이란 무엇인가?

답변이 어렵다고 생각할 수도 있겠지만, 사실 답변은 단순하고 명료하다. 진정 성공적인 인생은, 하나님을 알고 하나님을 사랑하고 하나님께 순종하는 삶이야.

그게 무슨 성공인가요?

구약 성경 아모스 3장 3절은 "두 사람이 뜻이 같지 않은데 어찌 동행하겠으며"라는 말씀이야. 우리가 하나님과 동행하려면 우리의 뜻과 생각을 하나님 뜻과 생각에 맞추어야 하지. 찬송가 430장 가사가 이렇게 시작된다. '주와 같이 길 가는 것 즐거운 일 아닌가.' 따라서 주님 믿고 주님과 같이 길을 가며 동행하는데도, 즐거움보다 슬픔이 많고 염려가 많고 낙심이 많다면, 무엇이 잘못된 것일까? 생각이 잘못되어 있기 때문일 가능성이 커. 하나님 생각이 아니라 세속적인 세상 생각을 따라가기 때문이지.

우리가 따라가고 있는 세속적인 생각. 크리스천들이 평생 싸우며 변화시켜 가야 할 세속적 생각. 예를 들어 복이 무엇이냐에 대한 생각. 성공이 무엇이냐에 대한 생각. '뜻과 생각이 같이 않은데 어찌 동행하겠으며.'

복에 대해서 가지고 있는 생각을, 생각해볼까?

사람들은 누구나 복을 받기 원하지. 이런저런 것을 복이라고 말하면서, 그 복을 좇아간다. 세상이 말하는 그 복이 나에게 모자라면 불행하다고 생각하며, 남과 비교 속에서 불만스럽고 자기 연민에 빠져든다.

그런데 세상은 이런저런 것을 복이라고 생각하며 추구하는데, 중요한 것은 하나님께서 인간의 복을 무엇이라고 가르치시느냐 하는 것이다.

사람들이 말하는 복, 내가 원하는 복이 아니라 만복의 근원이신 하나님이 말씀하시는 복이 무엇인지 알고, 그 복을 사모하고 구해야 진정으로 복된 생애가 되는 것이지.

그러면 진정한 복은 무엇인가? 시편 73편 28절에서 한 문장으로 밝혀 놓았다.

> 하나님과 가까이 함이 내게 복이라

누가 복을 정말 많이 받은 사람인가? 하나님을 가까이하는 사람이다. 복에 관한 생각이 바뀌지 않는 한, 우리는 늘 세상 복을 구하면서 비교와 불만, 자기 연민, 자랑과 우월감과 판단에 빠져들 뿐이야. 하나님을 만나고 하나님을 가까이함이 복이라! 이게 만고불변의 진리이다. 복에 대한 세속적인 생각을 하나님 생각으로 바꾸어가는 중에, 한 걸음 한 걸음 기쁨으로 주와 동행하길 바래.

뜻과 생각이 같지 않은데 어찌 동행하겠으며! 그리고 성공에 관한 생각이다. 세상은 이런저런 것을 성공이라고 말을 한다. 각자 사람들도 저마다 생각하고 추구하는 성공이 있다. 그런데 인생의 진정한 성공은 창조주 하나님을 아는 것이며, 하나님을 사랑하는 것이며, 하나님 뜻에 순종하는 것이다.

우리가 다 성공적인 인생을 살고 싶어 하잖아. 허무한 인생도 아니고, 불행한 인생도 아니고, 패배의 인생도 아니고 성공적인 인생 말이야.

성공적인 인생이란 무엇이냐고?

내가 바라는 꿈과 비전을 이루는 것? 세상 사람들이 박수치는 이런저런 성취를 이루는 것? 또는 나 편한 대로 즐기며 행복하게 사는 것?

그런데 성공이 성공이 아니고 실패가 실패가 아니야.

하나님을 알고, 하나님을 사랑하고, 하나님 뜻을 순종하며 사는 것이 진정 성공이고 성공적인 인생이야. 이 생각을 분명히 붙들고 있으면, 우리의 하루하루는 하나님 안에서 즐거운 신앙생활이 되는 것이겠지. 세상적으로 볼 때 손에 잡은 것이 없는 듯한 허무, 패배감, 자기 연민, 열등감, 불안, 우울에서 자유하며 감사와 기쁨으로 믿음의 길을 걸어가겠지. "뜻과 생각이 같지 않은데 어찌 동행하겠으며"

    길을 잃어버리지 않고, 주님과 뜻과 생각을 맞추며, 성공적인 인생길을 잘 걸어가길 바래.

하나님께서 재창조하시는 존재
- **초자연적 승리자(super-victors)**

나는 그 사랑으로 인해 고난 가운데서 매번 일어납니다.
"Out of the wreck I rise" every time
- **오스왈드 챔버스의 『주님은 나의 최고봉』 중에서**

여덟 번째 편지 (나는 누구인가)

'나는 누구인가?'라는 물음 앞에서 고민하는 너에게

'나는 누구인가?'라는 질문 앞에서 고민하는 너에게 (1)

너의 카톡을 받고, 편지를 쓰게 되었다.

"누가 저에게 『나는 누구인가』라는 인문학책을 줘서 읽어보았는데, 책을 읽어도 나는 누구인지 아리송하여 그 책 문제가 뭔지 고민 중이에요"

그 질문 앞에서의 고민은 너의 인생에 유익을 끼치는 일이라고 생각된다. 『나는 누구인가』라는 책을 읽어나가도, 나는 누구인지 '아리송하다'라는 너의 말은 세상 사람들의 마음을 적절히 표현한 것 같다. '아리송하다'의 사전적 의미를 찾아보

니 이렇게 설명하고 있네. '그런 것 같기도 하고 그렇지 않은 것 같기도 하고 또렷이 분간하기 어렵다.'

정말 그럴 게다.

나는 누구인가? 라는 질문에 관해서, 인문학 서적 등을 비롯한 이 세상의 수없이 쏟아져 나오는 답변을 들어도 아리송할 거다. 왜 그럴까? 그 이유는 사실 너의 질문 중에서 실마리를 찾을 수 있다.

"누가 저에게 『나는 누구인가』라는 책을 줘서 읽어보았는데, 책을 읽어도 나는 누구인지 아리송하여 그 책 문제가 뭔지 고민 중이에요."

그래 맞다. 바로 그 책에 문제가 있는 것이다.

'나는 누구인가?'라는 질문은, 우리 인생의 궁극적 질문 중 하나이지. 그래서 과학적으로, 철학적으로 또는 심리학적으로 나는 누구인가를 풀어나가는 강연, 유튜브 영상, 저술도 있지. 그 사상 전개들이 탁월할 것이야. 조회 수가 수십, 수백만이 되는 영상도 있을 것이고. 전 세계적으로 베스트셀러가 된 책도 있을 것이다. 해답들이 고매하고 심오할 것이다. 지혜롭고 감동도 줄 것이다.

하지만, 그런 것 같기도 하고 그렇지 않은 것 같기도 하고 또렷이 분간하기 어려워 아리송할 것이다. 애매모호하고 복잡할 것이다. 그런데 사실, 나는 누구인가? 라는 질문에 대한 답변은 단순하고 명료해. 그리고 단순함과 명료함의 답변이 우리 인생을 흔들리지 않게 하고 강하게 하거든. 책의 문제가 무엇인지 고민을 해보면 답을 찾게 된다. 다시 말해서 분명한 답을 찾을 수 있는 책을 찾아서 읽어야 한다는 거지.

디트리히 본회퍼도 〈나는 누구인가〉라는 詩에서 처음에는 솔직한 '아리송함'을 표현했다. 그러나 결론은 단순하고 명료하게 끝낸다. 디트리히 본회퍼 〈나는 누구인가〉라는 詩 일부 내용이다.

    나는 누구인가?
    나는 진정 다른 사람들이 말하는 그런 사람인가?
    혹은 내 자신이 알고 있는 자에 지나지 않는가?
    나는 누구인가?
    오늘은 이런 사람이었다가, 내일은 다른 사람이 되는가?
    아니면 동시에 둘 다인가?
    남들 앞에서는 위선자였다가 내 눈에는 경멸스러울 만큼 근심을 짊어진 유약한 인간인가?

나는 누구인가?

이 고독한 질문이 나를 조롱한다.

그러나 내가 누구인지, 오 하나님, 당신은 아십니다.

제가 당신 것임을.

디트리히 본회퍼는, 내가 누구인지를 알기 위해서는 하나님 앞에 서야 한다는 것을 알려준다. 즉 본회퍼에게 올바르고 명료한 대답을 알려준 책은 성경이었다. 하나님의 말씀 앞에 서지 않는다면, 동서고금의 아무리 뛰어난 철학서, 사상서, 과학서라고 할지라도 거기에서 '나는 누구인가?'라는 질문에 대한 답은 아리송할 뿐이다.

해 아래 새것은 없다. 진리의 답은 하나님께만 있는 것이다. 그리고 하나님께서 가르치시는 진리는 애매모호하고 복잡할 수 없으며, 단순 명료 명쾌하다. 로마서를 펼칠 때, 내가 누구인지 가장 먼저 알려 준다. "너는 예수 그리스도의 것으로 부르심을 받은 자니라"로마서 1:6 구약 이사야서의 말씀도 듣는다. "두려워하지 말라 내가 너를 지명하여 불렀나니 너는 내 것이라"이사야 43:1 나는 누구인가에 대한 답을 아리송하지 않고 또렷하게 찾으면 좋겠구나. 그러면 네가 또다시 힘을 얻고 강하게 될 거다.

'나는 누구인가?'라는 질문 앞에서 고민하는 너에게 (2)

목사님 아멘입니다!

『나는 누구인가』라는 인문학책을 읽어도 나는 누구인지 아리송하여 그 책 문제가 뭔지 고민 중이었는데, 목사님 보내신 편지에서 깨달음이 왔습니다. '예수 그리스도의 것으로 부르심을 받은 자.' 세상에서 찾지 못하는 명쾌한 해답이네요.

저도 제가 어제의 나인지 오늘의 나인지? 나는 누구일까 궁금했는데 '하나님의 것, 하나님의 사람'이란 생각에 모든 것에 자유를 느끼고 기쁨이 샘솟습니다. 어디에서나 예수 그리스도의 것으로 부르심을 받은 자로 살아가는 게 저란 사람이겠지요. 감사합니다. 그리고 시간이 되시면 '나는 누구인가'에 대해 조금 더 말씀해 주세요. 제 옆의 직장 동료도 더 듣고 싶어 하거든요.

너의 답신 카톡을 받고 기뻤다. 고민 중이었는데 깨달음이 왔다니 기뻤고, 세상에서 찾지 못한 명쾌한 해답을 발견했다니 기뻤고, 모든 것에 자유를 느끼고 기쁨이 샘 솟는다니 기뻤고, 어디서든지 예수 그리스도의 부르심을 받은 자로 살아가야 함을 다시 마음에 새기니 기뻤다. 그런데 너는 항상 그랬다. 네가 고민이나 질문을 할 때, 내가 얘기하는 것을 귀담아 들으며 순전히 겸손하게 잘 받아들였다. 조금 더 듣고 싶어 하니, 두 번째 편지를 쓸게.

『나는 누구인가』라는 인문학책의 문제가 뭔지 고민하지 말고, 성경에서 알려 주는 '나는 누구인가?'에 대한 답을 찾아가면, 아리송하지 않고 분명하며 명료하다고 말했었지. 그리고 분명함과 명료함이 인생을 강하게 한다고.

나는 누구인가?

나의 시작점, 인생의 시작점은 어디인지에 대해서 과학자, 철학자, 심리학자를 비롯해 많은 사람이 궁리하고 탐구하고 사색을 하지만, 분명한 답을 찾지 못하고 애매모호하다고 말한다. 모르겠다고 말한다.

그런데 우리는 명료하다. 나의 생명의 시작점, 내 인생의 시작점, 세상 우주의 시작점은 하나님이시다. 성경의 첫 책인 창세기의 히브리 원어 제목은 베레쉬트בראשית인데, '시작에'(In the Beginning)라는 뜻이다. 세상 시작은 하나님이시라는 것이지. 나의 시작도 하나님이시라는 것이지. 나는 누구인가? 사랑의 하나님으로부터 생명을 얻고 시작된 피조물이다.

그리고 나는 누구인가?

학문을 파고든다고 해서 답을 찾을 수 있는 것이 아니다. 나 자신을 파고든다고 해서, 또는 인생을 파고든다고 해서 '나는 누구인가?'에 대한 올바른 답을 찾을 수 있는 것이 아니다. 나는 사회적 존재이며 관계적 존재이기 때문에 관계 속에서 내가 누구인지를 알아야 한다. 위로는 하나님과의 관계, 옆으로는 사람들과의 관계에서 말이야. 나는 하나님을 밀쳐내고 내가 하나님 자리에 올라가서 살아가는 죄인이다. 그리고 나는 이타적 욕심의 죄인이다. 우리는 이기적 죄성을 가지고 있다. 나는 누구인가? 또 하나의 명쾌한 대답을 말하자면, 죄인이다. 하나님께서 가르치시는 진리는 애매모호하거나 복잡하지 않고 단순 명쾌하다. 나는 죄인이다.

그런데 나는 누구인가?

그러나 예수님 믿은 우리는 이제 의인이 되었다. 의인이 되기 위해서는, 먼저 내가 죄인임을 깨달아야 한다. 죄인임을 자백하면서 의인을 입는다. "모든 사람이 죄를 범하였으매"로마서 3:23라는 진리를 인정하며 회개하고 예수님을 구주로 영접하게 된다. 그리고 영원히 불행한 죄인에서 영원히 행복한 의인의 신분으로 바뀌는 것이다. 그리고 하나님 자녀라는요한복음 1:12 새 신분을 얻게 된다. 나는 하나님의 피조물이다. 나는 죄인이다. 나는 예수 그리스도를 믿고 새롭게 의인이 되었다. 새롭게 태어나 하나님 자녀가 되었다. 나는 하나님의 것이다.

조금 더 길게 얘기할게. 어쩌면 또 설교조가 되어 버릴 수 있겠다. 하지만, 너는 글이나 책을 읽는 걸 좋아했고, 진리에 대한 나눔을 좋아했기 때문에, 조금 더 길게 얘기하려고 한다. 좋아하며 진지하게 받아들이려고 준비하는 너의 모습이 그려진다.

'나는 누구인가?'라는 질문에 대한 잘못된 대답과 올바른 대답에 대해서 신학자 철학자이자 교육자인 오스 기니스는 그의 책 『소명』에서 훌륭하게 설명하고 있다. 그 책의 30~55쪽 내용을 내가 해석하여 전할게.

나는 누구인가? 잘못된 대답 첫 번째는, '영웅적 의지와 용기를 가지고 원하는 것을 추구하는 존재'이다. 자유 의지를 가진 인간은 용기와 의지력을 가지고 원하는 무엇이든 될 수 있다는 입장이다. 이 입장은 오늘날 사회 속에서 수많은 방법으로 사람들을 달콤하게 유혹하며 영웅적 용기로 표현되고 있다. "너는 그런 존재이다! 네가 원하는 모든 것이 돼라! 있는 그대로 네 꿈을 좇아라!"라고 부추긴다.

영웅적 용기의 가장 위험하고도 그리고 매력적인 모습은 철학자 니체와 그의 추종자들에게서 찾아볼 수 있다. '신은 죽었다!' 신조차 인정하지 않으며, 오직 인간 의지의 힘으로 無무에서 有유로 자신의 의미를 창조해 내고자 한다. 그것이 초인의 용기다. 극기와 의지력이 필요하다.

매력적인가? 그런데 '나는 누구인가?'라는 질문에 대한 가장 잘못된 대답이다.

나는 누구인가? 이 질문에 대한 두 번째 잘못된 대답은, '개인주의 추구로서의 개성을 가진 존재'이다. "자기 개성을 발휘하는 것이 최고지!"라고 주창하는데, 결국은 외형주의에 빠진다. 내 정체성 확립에서 가장 먼저 몸에 신경을 쓰는 형태로 나타난다. 그래서 요리책, 몸만들기, 건강식품, 성형수술,

피부 손질, 운동 기구 등 온갖 종류의 교본에 정신이 팔려있다. 이러한 외형주의적, 세속적 자기 건설은 끝이 없으며 값비싼 대가를 요구한다. 중독되고 함몰된다.

개성 추구의 존재로서 나? 여기에서 진정한 나를 찾을 수가 없는 것이다.

나는 누구인가? 이 질문에 대한 잘못된 대답 세 번째는, '운명으로 타고난 존재'이다. 나는 누구인가? 나의 정체성은 스스로 건설하는 것이기보다는 항상 사회적으로 부여받은 것이기 때문에 나 스스로 얻을 수 있는 것이 아니라는 것이다. 타고난 운명의 존재 문제로 내 인생을 바라보는 입장이다. 운명이 사전에 결정되어 있다는 관점 역시 '나는 누구인가?'라는 질문에 대한 잘못된 대답이다.

나는 누구인가? 질문에 대한 잘못된 대답의 예를 든 오스 기니스는 올바른 대답을 말한다. '창조주 하나님께 부름 받은 재창조의 존재로서의 나!'이다.

결국, 한 사람의 정체성은 자기 손안에 있지 않다. 또한, 정체성은 고정되어 있거나 최종적인 것이 아니다. 우리가 하나님의 부르심, 곧 소명에 응답하여 우리를 부르시는 하나님이 우리를 소명에 맞는 피조물로 빚으시게 할 수도 있다.

이러한 성경의 견해는 결국 주체성 없는 인격과 갑갑한 인생을 초래하는 것이 아닌가? 오히려 그 정반대다. C. S. 루이스가 지적했듯이 우리는 스스로 자신이라 부르는 것을 몰아내고 하나님이 우리를 취하게 할수록 더욱 진정한 자아가 되어 간다. 하나님께 저항하여 내 마음대로 인생을 살려고 발버둥 칠수록 나는 물려받은 유전, 성장 배경, 환경과 자연적인 욕망에 더욱 지배당하게 된다. 우리는 그리스도께 응답하고 그분의 부르심을 좇을 때만 진정한 자아가 되고 자기 본연의 모습을 갖게 된다.

어때? 정리가 좀 되는가? 오스 기니스가 매우 잘 설명하고 있는 것 같아. 나는 누구인가? 결국, 나의 정체성은 내 손안에 있지 않다는 것이지. 내 용기와 의지 안에 있지 않다는 것이지. 또한, 나의 정체성은 외형주의 개성에 있지 않다는 것이지. 또한, 운명으로 고정되어 있거나 최종적인 것이 아니라는 것이지. 우리가 하나님의 부르심에 믿음으로 응답하고 순종으로 반응해 갈 때, 하나님이 우리를 재창조의 존재로 세우시는 것이라고 말해. 나는 누구인가? 하나님께서 재창조하시는 존재이다.

세상은 이렇게 소리치고 있지. 보이지 않는 하나님을 믿지 말고 자기 자신을 믿으라고. 왜 어째서 신에 굴종하며 그렇게 주체성 없는 인격과 갑갑한 인생을 사느냐고.

　아니다. 오히려 그 정반대이다. 하나님께 저항하여 내 마음대로 인생을 살려고 발버둥 칠수록 나는 물려받은 유전, 성장 배경, 환경, 자연적인 욕망에 더 지배당하게 된다. 우리가 하나님께 응답하고 그분을 좇을 때만 진정한 내가 되는 것이야. 나는 누구인가? 이 질문에 대한 대답을, 너를 지으신 하나님과 진리의 말씀 성경에서 찾으며, 길을 잃지 말고 잘 걸어가길 바란다.

여덟 번째 편지 추신

나는 오스왈드 챔버스의 『주님은 나의 최고봉』이라는 묵상집에 사랑의 빚을 지고 있다. 이 묵상집은 내 신앙에 지대한 영향을 끼쳤고, 앞으로도 끼칠 것이다. 그리고 '나는 누구인가? 나는 어떻게 살아야 하는가? 나는 어떻게 죽어야 하는가?'라는 질문에 대해 매우 영성 깊은 답을 주고 있다. 성경 다음으로 내게 영향을 끼친 책을 꼽으라면 몇 손가락 안에 드는 신앙 경건 서적이다. 그 어떤 신학 서적이나 교리서보다도 살아서 내게 역사했다. 성령께서 일하심을 느끼며 구절구절 밑줄도 그으며 아멘, 아멘 했다. 너에게도 이 묵상집을 권했던 기억이 있다. 아마 읽어 봤겠지.

오스왈드 챔버스의 『주님은 나의 최고봉』 5월 19일 묵상에서 나는 누구인가라는 질문에 대한 답변을 '초자연적인 승리자'라는 위대한 표현을 했다. '초자연적'이라는 말은, 내가 가진 힘 이상의 어떤 신비한 도움을 받는, 승리자라는 의미이다. 영어는 'super-victors'라고 되어 있다. '초자연적'인 도움이 어디서부터 오는 것인가? 하나님에게서 오는 것이다.

이는 무신론 철학자 프리드리히 니체가 말한 '초인'(超人) 과 비교가 되는 것이다. '초자연적인 승리자/초인' 이 둘 다 강한 인간! 승리의 인간! 유형을 추구하는데, 어떻게 다른가?

니체는 그의 책 『차라투스트라는 이렇게 말했다』에서 "그대들에게 초인을 가르치려 하노라"라고 말한다. 초인은 독일어로 위버멘쉬übermensch인데 '인간을 넘어선 인간'이라는 뜻이다. 영어로는 superman(over man)으로 번역되지만, 영화에 나오는 그런 슈퍼맨을 뜻하는 것은 아니다. 니체가 말하는 초인은 인간 너머의 인간이 되라는 것이다.

니체는 하나님도 죽었고, 예수 그리스도는 사람일 뿐이며, 천국도 사라졌으며, 인간에게 남은 건 이 세상뿐이고 자신뿐이라는 것이다. 나약한 인간이 고통과 역경을 극복할 수 있는 무기는 인간 스스로 '초인'이라는 새로운 인간 유형이 되는 것뿐이라고 주장하는 것이다. 니체와 그 추종자들과 불신의 세상 사람들의, 얼마나 교만하고 허망한 주장인가!

하나님을 배제시킨 '초인'에 비해 오스왈드 챔버스가 말하는 바는 '초자연적 승리자'이다. 그는 이렇게 말한다.

우리는 초자연적인 승리자입니다. 바울은 우리가 이 모든 환난 가운데서 초자연적인 승리자라고 말합니다. 우리가 초자연적인 승리자인 것은 우리의 재능이나 우리의 용기 때문이 아닙니다. 우리가 당하는 고난들이, 예수님 안에서 우리가 누리는 하나님과의 사랑의 관계에 전혀 영향을 미치지 못한다는 점에서 초자연적인 승리자입니다.

환난, 곤고, 기근 등이 발생하는 상황에서 하나님의 사랑을 끝까지 붙드는 자에게는 예외적인 놀라운 일이 일어납니까? 논리적으로는 이러한 일을 설명할 수 없습니다. 오직 한 가지 그리스도 안에 있는 하나님의 사랑으로 고난을 감당할 수 있습니다.

누가 우리를 그리스도의 사랑에서 끊으리요! _로마서 8장 35절 그리고 오스왈드 챔버스는 마지막을 이렇게 마친다.

나는 그 사랑으로 인해 고난 가운데서 매번!(every time) 일어납니다.

나는 누구인가?
어려운 일을 당할 때나, 근심거리가 생길 때나, 우울하고 낙심되는 상황이 발생할 때나, 마음이 천근만근 무거운 일이 생길 때나, every time! 매번 예수님의 사랑을 붙들고 일어날 수 있는! 초자연적인 승리자라는 것이지.
세상 나그넷길에서 인간은 누구나 희로애락을 지나간다. 생로병사를 지나간다. 피할 수 있는 사람은 없다. 어떻게 지나가겠는가? 나는 누구인가를 물으면서 지나가라고 권하고 싶다. 내가 누구인가에 대한 자기 정체성 확립이, 인생에 근본적 변화를 가져다준다. 나의 정체성은 나 자신의 손안에 있지 않다. 나 자신의 의지 안에 있지 않다. 또한, 내 외형주의 개성에 있지 않다. 또한, 운명으로 고정되어 있거나 최종적인 것이 아니다. 나를 사랑하시는 하나님께 달린 것이다.

나는 누구인가?

창조주 하나님께 부름 받은 재창조의 존재이다. 우리가 하나님의 부르심에 믿음으로 응답하고 순종으로 반응해 갈 때, 살아계신 하나님께서 우리를 초자연적인 승리자로 재창조하시는 것이다. 세상의 유혹, 시험, 고난, 어려움을 만날 때, 나의 정체성을 잊지 말고 기억하면서 초자연적인 승리를 더 풍성히 누리는 순례길 되길 기도한다. 속히 기쁘게 만나서 사랑의 식탁을 갖도록 하자.

아홉 번째 편지 (메시아와 삼위일체에 관하여)
풍문에서 광장으로 나온 친구에게

하나님은 누구시고, 예수님은 누구시고, 성령님은 또 누구냐고?

〈예수는 역사다〉(The case for Christ)라는 영화에서 주인공은 처음에 이렇게 분노했다.

"아내와 애들을 납득되지 않는 일에 빼앗길 수 없어요."

세상 사람들의 생각과 사고로는 예수님이 하나님이시라는 말이 납득되지 않는 일이다.

성탄절에 태어나신 예수님이 성인쯤 된다든지 종교 창시자쯤 되면 몰라도, 하나님이시라니! 납득이 안 되는 것이다. 예수님이 인간과 온 우주 세상을 지으신 창조주시라니! 납득이 안 되는 것이다. 성경 말씀들이 납득이 되지 않는 것이다.

최인훈 소설 『광장』의 서문

'메시아'가 왔다는 2천 년래의 풍문이 있습니다.
신이 죽었다는 풍문이 있습니다.
신이 부활했다는 풍문도 있습니다.
코뮤니즘이 세계를 구하리라는 풍문도 있습니다.
우리는 참 많은 풍문 속에 삽니다.
풍문의 지층은 두껍고 무겁습니다.
우리는 그것을 역사라고 부르고 문화라고 부릅니다.
인생을 풍문 듣듯 산다는 건 슬픈 일입니다.
풍문에 만족지 않고 현장을 찾아갈 때 우리는 운명을 만납니다.
운명을 만나는 자리를 광장이라고 합시다.
광장에 대한 풍문도 구구합니다.
제가 여기 전하는 것은 풍문에 만족지 못하고 현장에 있으려고 한 우리 친구의 얘깁니다.

풍문에서 광장으로 나온 사랑하는 친구에게

결국, 항복했군. 직장 은퇴와 함께 가정의 평화를 위해 아내에게 항복하고 아내를 따라 교회에 가기 시작했다니, 정말 기쁜 소식이네. 그런데 말이야. 내가 누누이 얘기했듯이, 가정의 오순도순 평화를 위해서가 아니라, 네가 사는 길이 그 길밖에 없다.

너는 나의 말에 따뜻한 냉소를 보냈지만, 네가 진정한 평화를 누리는 길이, 네가 사는 길이 그 길밖에 없어. 어찌하였든 빠른 시간 안에 만나서 너의 항복에 대한 비하인드 스토리를 나누도록 하지. 그리고 너의 항복에는 많은 의미가 있다는 것에 관해서도 얘기를 나눌까 해. 너는 또 나에게 따뜻한 냉소를 보일 수 있지만 말이야. 그런데 너의 질문, 예수님은 누구시고, 하나님은 누구시고, 성령님은 또 누구냐고. 차근차근 설명해나갈게. 물론 내가 설명을 한다는 것과, 네가 납득을 한다는 것은, 별개의 문제이고.

예수님이 누구냐고?
꽤 오래전이었는데, 막내딸이 초등학생일 때 한참 인터넷의 네이버 지식인을 보다가 꽤 진지하게 말해오더군.

"아빠. 예수님이 계신다는 것은 세상 사람들이 인정하는데, 예수님이 하나님이라는 것은 인정하지 않는 것 같아."

그리고 80세의 연세로 우리 교회 처음 나오신 할아버지 한 분이, 인생에서 처음으로 성경 공부를 하다가 내게 물으셨지.

"목사님. 그러니까 예수님이 하나님이시라는 거지요!"

예수님은 누구시냐고?

예수님은 하나님이시다.

인내심을 가지고 끝까지 잘 들어주길 바래. 오래전에 전 세계적으로 논란과 화제를 일으켰던 『다빈치코드』라는 제목의 책이 있는데, 영화로도 만들어졌다. 혹시 그 영화를 보았는지 모르겠군? 영화 예고편에 이런 내용이 있지.

"이것은 인류의 믿음이 걸린 전쟁이다. 모든 비밀이 밝혀지는 순간, 전 세계가 걷잡을 수 없는 충격에 휘말릴지도 모른다."

그 영화를 보면, 인류가 오랫동안 믿어왔던 어떤 진리가, 거짓임을 밝히겠다고 해. 무엇을 거짓이라고 밝히느냐? 예수 그리스도가 하나님이라는 진리가 거짓임을 밝히겠다는 거야. 예수 그리스도는 하나님이 아니라 인간이기에, 예수님의 십자가 죽음도 거짓이요, 사흘 만에 부활하심도 거짓이요, 부활 후 40일 동안 제자들과 다니시다가 하늘로 승천하심도 거짓이라고 말한다. 그래서 이 영화가 개봉될 때, 전 세계적으로 논란과 화제가 되었고, 기독교 일부에서 영화 상영 금지를 촉구하기도 했다.

예수님을 하나님으로 믿을 것인가? 믿지 않을 것인가? 그래서 영화 예고편에서 인류의 믿음이 걸린 전쟁이 펼쳐진다고 말한 것이야.

교회를 다니면서 요한복음을 읽기 시작했다고? 목사님의 권유를 순순히 잘 받아들였군. 이것도 너의 항복이라고 할 수 있겠네. 요한복음을 읽기 시작했다니까, 내가 약간만 설명을 곁들일게. 요한복음 1장부터 인류의 믿음이 걸린 전쟁이 펼쳐진다. 요한복음 1장에서는, 예수님의 정체 몇 가지를 말하는데, 이는 결국 예수님은 하나님이시라는 것이야. 이제 너에게도 믿음의 전쟁이 본격적으로 시작된 거지.

요한복음 1장에서 알려주는 예수님은 어떤 분인가? 위대한 성인이나 선지자가 아니라, 즉 인간이 아니라, 창조주시다고 밝힌다.

그가 (예수 그리스도) 태초에 하나님과 함께 계셨고 만물이 그로 말미암아 지은 바 되었으니 지은 것이 하나도 그가 없이는 된 것이 없느니라 _ 요한복음 1장 2-3절

예수님은 태초부터 계셨으며 이 세상을 창조하신 하나님이시라고 증언해. 역사의 어느 시점에(세상 사람들은 그 시점을, 크리스마스/성탄절이라고 부르고 있지.) 잠시 사람의 몸을 입고 이 세상에 방문하신 하나님이시라는 것이지.

이 믿기지 않는 일을 어떻게 믿을 수 있단 말인가? 그래서 카를로 카레토는 이렇게 말을 했다.

하나님이 존재하신다는 것은 비밀이 아니다. 눈에 보이는 모든 창조물을 통하여 우리는 그것을 지으신 창조자의 존재를 믿을 수밖에 없다. 하나님의 광대하심은 비밀이 아니다. 상상할 수조차 없는 우주의 광대함을 생각해 보면 된다. 그렇다면 비밀은 무엇인가? 여기에 있다. 초라한 마구간에서 태어난 예수가 하나님이시라는 것이다.

양식을 얻기 위해 가난한 노동자로 살아온 분이 하나님이

시라니!

로마 군병에 잡혀갈 때 천군 천사의 도움을 받지 않고, 불의의 판결을 받으시고 십자가를 지신 분이 하나님이시라니! 온갖 조롱과 침 뱉음과 수모를 당하시고 십자가 죽음을 맞은 분이 하나님이시라니!

예수님을 하나님으로 믿을 것인가? 믿지 않을 것인가? 믿음의 전쟁에서 나는, 청년의 때에 교회를 다니기 시작했고, 예수님을 하나님이라고 영접하며 믿은 것이다. 믿음이 걸린 전쟁에서 너도 나와 같은 편에 서게 되기를 기도한다.

그런데 내가 편지 서두에서 언급했듯이, 나는 설명을 했고, 납득을 하는 것은 또 별개의 문제이다.

납득이라 했으니, 또 영화 한 편 얘기할게. 그러고 보면 우리가 중학교 시절 영화를 참 많이 보러 다녔다. 중간고사나 기말고사가 끝나면 5~6명이 어울려 명동으로 광화문으로. 스카라극장, 피카디리극장, 단성사, 국제극장 등이라고 기억이 되는데. 지금도 그 극장이 있는지 모르겠다. 나는 영화 중에 〈포세이돈 어드벤쳐〉라는 영화가 가장 기억이 난다. 옛 추억에 잠깐 빠졌는데, 이제 내가 너에게 소개하려고 하는 영화는 〈예수는 역사다〉라는 제목의 실화다.

주인공 리 스트로벨이라는 사람은 납득을 할 수가 없었다. 그는 저널리즘 분야에서 유명한 미주리 대학 신문방송학과를 졸업했고 법학으로 유명한 예일대 로스쿨도 다녔다. 시카고 트리뷴 지의 법률부 부장을 역임했다. UPI 공익 언론 부문 일리노이주 최고상 수상. 그런데 이 사람에게 납득할 수 없는 일이 일어난 거야. 자신의 아내와 딸이 예수님을 믿고 신앙생활을 하겠다는 것이야.

'사실을 통해서만 진실로 갈 수 있다'는 모토를 가지고 평생을 살아온 리 스트로벨은 아내의 신앙 고백 후, 이혼해야겠다는 생각을 했지. 아내가 틀렸음을 증명하기 위해 자신의 모든 법률적 지식과 기자 경력을 바쳐 기독교의 신빙성을 조사하기 시작했다. 크리스천, 무신론자, 회의론자, 고고학자, 성서학자, 의학박사 등 모든 인력을 동원하여 예수 그리스도의 거짓을 세상에 알리고자 했어. 그런데 조사하며 검증할수록 예수님이 사실임을 알게 되었다. 예수님 부활이 사실임을 알게 되었다. 그래서 책을 저술했다. 제목은 『예수는 역사다』이다. 그리고 1,400만 부나 팔린 베스트셀러가 되었고 영화로도 만들어졌다.

예고편에서 주인공은 처음에는 이렇게 분노했었다.

"아내와 애들을 납득되지 않는 일에 빼앗길 수 없어요"

세상 사람들 생각과 사고로는 예수님이 하나님이시라는 말이 납득되지 않는 일이다. 크리스마스 성탄절에 태어나신 예수님이 성인쯤 된다든지 종교 창시자쯤 되면 몰라도, 하나님이시라니! 납득이 안 되는 것이다. 예수님이 인간과 온 우주 세상을 지으신 창조주시라니! 납득이 안 되는 것이다. 성경 말씀들이 납득이 되지 않는 것이다. 그런데 결국 주인공은 납득이 된 거지.

예수님이 누구냐고? 태초에 만물을 지으신 하나님이시야. 그리고 요한복음 1장에서 알려주는 두 번째 예수님의 정체는, <u>스스로 인간이 되셔서 희생의 어린 양이 되신 분이지.</u>

교회를 다니면서, 하나님의 어린 양에 대해서 앞으로 수없이 듣게 될 것이다. 구약 백성들이 하나님께 예배드릴 때 꼭 필요한 것이 있는데, 나의 죄 형벌을 대신 치르는 희생 제물이다. 가장 대표적 희생 제물이 어린 양이야. 어린 양을 예배에 데리고 와서, 그 위에 손을 얹고 기도할 때, 제사장의 선언을 통해 예배자의 죄가 어린 양에게 옮겨진다. 그리고 어린 양은 죄인을 대신하여 피 흘리며 희생 죽임당한다. 자신이 받아야 할 죄 형벌을 어린 양에게 대신 물으시는 하나님 용서의 은혜가 말로 다 할 수 없는 것이다! 그런데 바로 이 어린 양 희생 죽음이, 예수님의 십자가 희생 죽음의 예표인 것이야.

우리가 알다시피 죄를 안 짓고 살아가는 사람은 없어. 인간은 모두 죄를 짓지. 인간들의 죄를 로마서 1장 29-32절에서 열거하며 고발하는데, 그런데, 인간의 이 모든 죄의 근본 뿌리를 로마서 1장 28절에서 밝히고 있다.

또한 그들이 마음에 하나님 두기를 싫어하매

피조물 인간은 마음에 창조주 하나님을 두며 살아야 하는데 교만의 죄성을 가진 인간은, 마음에 하나님 두기를 싫어하는 것. 이것이 죄의 근본이라고 알려준다. "하나님이 계셔야 할 마음 중심의 자리에 하나님을 밀쳐내고, 내가 그 자리를 차지하며, 내 마음대로 내 생각대로 내 욕심대로 내가 하나님처럼!" 이 죄의 뿌리로부터 시작해서 로마서 1장 29-32절의 죄의 나무의 열매들이 열린다. 그리고 모든 죄에 대해서는 인과응보 형벌이 있는 것이지. 대가가 있는 것이지.

그러니 인간은 소망이 없는 것이다. 인간은 누구나 죄를 짓는 데다가, 죄의 형벌을 반드시 치러야 하니, 무슨 소망이 있을까? 그런데 이 소망 없는 세상에, 기쁘고 복된 소식, 즉 복음이 선언되고 전해진다. 바로 예수님이! 세상 죄를 지시는 희생 어린 양이 되어 주신다는 것이야.

> 이튿날 요한이 예수께서 자기에게 나아오심을 보고 이르되 보라 세상 죄를 지고 가는 하나님의 어린 양이로다 _요한복음 1장 29절
>
> 예수께서 거니심을 보고 말하되 보라 하나님의 어린 양이로다 _요한복음 1장 36절

하나님은 100% 공의이시기에, 지은 죄에 대해서는 형벌과 심판을 내리셔야 한다. 그런데 또 하나님은 100% 사랑이시기에, 끔찍한 심판을 차마 내리지 못하신다. 그래서 하나님 스스로 인간으로 세상에 오셔서 희생 어린 양이 되신 것이지.

내가 청년의 때에 예수님께서 내 마음을 두드리며 물으셨다. "네가 받아야 할 형벌을, 내가 대신 받았음을 믿느냐? 내가 널 사랑하여, 어린 양으로 희생 죽임당했음을 믿느냐?"

이 믿음의 전쟁에서 나는 믿었다. 믿는 자에게 주어진 그 위대한 약속이 요한복음 3장 16절이다.

하나님이 세상을 이처럼 사랑하사 독생자를 주셨으니 이는 그를 믿는 자마다 멸망하지 않고 영생을 얻게 하려 하심이라

예수님이 누구냐고? 스스로 인간으로 세상에 오셔서 희생 어린 양이 되신 분이지. 예수 어린 양 존귀한 이름을 믿고, 손을 들고 어린 양을 찬양하게 될 너의 모습을 기대한다.

요한복음 1장에서 알려주는 세 번째 예수님의 정체는 41절의 '메시아'이다.

안드레가 시몬을 찾아 말하되 우리가 메시야를 만났다하고(메시야는 번역하면 그리스도라) 데리고 예수께로 오니

메시아משיח란, '죄악이나 파멸로부터 인류를 건지는 구세주'라는 뜻을 가리키는 히브리어이다. 헬라어로는 그리스도 Χριστός 즉, '기름 부음을 받은 자'라는 뜻이지.

즉, 성경에 언급된 메시아나 그리스도나 다 똑같이 '구세주'라는 말이다. 그런데 통일교라는 단체는 자신들의 교주가 인간들을 죄와 심판에서 건져줄 구세주라고 말했지. 신천지

라는 단체는 자신들의 교주가 세상의 구세주라고 말했고. 하나님의 교회라는 단체는 자신들의 교주가 구세주라고 말했어. 그런데 오직 예수 그리스도만이 인류의 구세주가 되시는 거지.

세상 사람들 누구나 다 메시아를 필요로 한다. 파멸과 죽음에서 건져주시는 구세주를 만나야 한다. 안드레가 시몬을 찾아가서 우리가 메시아를 만났다는 놀라운 말을 했는데, 나는 청년의 때에 구세주 예수님을 만났다. 그러니 파멸이나 심판이나 죽음으로부터 두려움이 없는 것이다. 너도 메시아 예수님을 풍문으로만 듣던 슬픈 시절을 끝내고, 풍문으로만 듣는 것이 아니라 이제는 직접 만나려고 광장으로 나온 것이야.

나의 편지를 네가 납득하기를 기도한다. 납득할 수 없었지만 끝내 납득했던 리 스트로벨이라는 사람처럼 말이야.

성령님은 누구시냐고?
너의 질문, 예수님은 누구시고 하나님은 누구시고 성령님은 또 누구냐고?

성령이란, 눈에 보이지는 않지만, 영으로 계시는 하나님이시지. 영어로는 Holy - Spirit(거룩하신 영)으로 이 세상에 영으로 계시는 하나님을 뜻하는 용어다.

교회를 다니면서, 보통 학교나 직장이나 이웃에서 쓰지 않는 생소한 단어를 사용하게 된다. 영생이라든지, 하늘 보좌라든지, 보혈이라든지, 보혜사라든지. 그런데 그 생소한 단어 중 하나가 '성령'이다.

학교에서 선생님이나 친구들이 성령이라는 단어를 사용하지 않지. 직장에서 회사 동료들이 성령이라는 단어를 사용하지 않지. 세상 모임에서 사람들이 성령이라는 단어를 사용하지 않지. 세상 사람들은 성령을 받지도 못하고 보지도 못하고 알지도 못해. 그런데 교회를 다니면서 이 생소한 단어를 접하게 된 것이야. 교회에 왔더니 교인들이 '성령이 오셨네'라며 찬양하고, '성령님 도와주소서'라며 기도하고, 성경에도 '성령이 너희에게 임하시면'이라고 기록되어 있어.

죽었다가 깨어나도 논증할 수 없는 것이 있지. 인간이 이해할 수 있는 범위와 영역을 넘어서는 것이기에 신비라고 하잖아. 기독교 교리의 핵심 중 하나인 '성부 하나님, 성자 하나님, 성령 하나님 즉, 삼위일체의 하나님'도 마찬가지야. 비트겐슈타인이 설명할 수 없는 것에 관해 침묵의 철학을 이야기했는데, 사실 '삼위일체'가 그럴 것이야. 이것은 설명할 수도 없고 논증할 수도 없는 신비이다.

한 분은 하나님 아버지, 또 한 분은 예수님, 또 한 분은 성령님, 이렇게 삼위가 하나이며 하나님이시라는 것이야. 아버지께서도 하나님이시고, 예수님도 하나님이시고, 성령님도 하나님이시라는 것이지. 아버지 하나님, 성부이시다. 그리고 아들 하나님, 성자이시다. 그리고 영이신 하나님, 성령이시다. 이렇게 하나님은 세 분이시며 또 하나이심을, 아멘! 하고 믿는 사람들이, 바로 크리스천이야. "하나님이 세 분이면서 하나시라고? 무슨 말인지 이해가 되지 않는군?"이라고 반응할 너의 모습이 상상된다. 아니, 어쩌면 네가 항복했을지 모르겠네. 그래서 진리를 단순히 받아들일지 모르겠네. 아멘! 하고 말이야. 속히 만날 날을 고대한다.

하나님이 세 분이면서 하나!

이는 인간이 이해할 수 있는 범위와 영역을 넘어서는 것이기에 신비이다. 아우구스티누스는 이런 말을 했다. "당신이 다 이해할 수 있다면, 그분은 이미 하나님이 아니다." 한계를 가진 인간이 어떻게 한계가 없으신 하나님을 다 이해할 수 있고 분석할 수 있고 설명할 수 있을까? 위대하신 하나님을 알려면 인간도 하나님만큼 위대해져야 하는데, 인간이 어떻게 하나님만큼 위대해질 수 있을까?

하나님의 신비는 논증하고 입증할 문제가 아니겠지. 그것은 믿음의 문제인 것이야. 믿음으로 받아들일 수밖에 없는 것이지. 그래서 빌리 그레이엄 목사님도 이렇게 말했었지. "삼위일체는 신비스러운 교리이기 때문에 오늘날까지도 완전히 이해하지 못하지만, 나는 그것이 하나님의 뜻이라고 받아들인다."

삼위일체를 설명하기 위한 여러 가지 비유가 교회에서 가르쳐져 왔다. 삼위일체 하나님을 물(H_2O)에 비유하기도 한다. 하나의 성분이지만 액체인 물의 상태, 끓이면 기체인 수증기 상태, 냉장고에 얼리면 고체인 얼음의 상태로 각각 다른 형태를 가진다는 것이다. 그런데 이 비유는 잘못된 것이야.

또 이렇게 설명하기도 한다. 나는 한 사람이지만, 직장에서는 회사원이고, 아내에게는 남편이며, 자녀에게는 아버지인, 즉 동일한 한 사람이지만 여러 가지 위치와 역할을 가진다는 것이다. 이 비유도 잘못된 것이야.

그 외에 다른 여러 가지 비유도 있지만, 그 어떤 비유도 적합하지 않으며, 오히려 삼위일체 하나님을 왜곡시킬 수 있다는 것이, 신학자들의 한결같은 의견이야. 다시 아우구스티누스의 "사람이 다 이해할 수 있다면 그분은 이미 하나님이 아니다"라는 말처럼, 한계를 가진 인간이 어떻게 한계가 없으신 하나님을 다 이해할 수 있고 분석할 수 있고 설명할 수 있겠는가? 하나님의 신비는 논증하고 입증할 문제가 아니라 믿음의 문제인 것이지. 우리 크리스천은, 한 하나님이시나 진실로 세 분이 계신다는 삼위일체 하나님의 신비를, 믿는 사람들이거든. 한 하나님이시나 진실로 세 분이 계시며, 아버지와 아들과 성령은 다 같이 동등하시며, 다 같이 영원하시고 다 같이 전지전능하시다! 이 삼위일체 교리는 하나님 자녀들의 핵심 신앙인 것이지.

성령님은 누구신가?

요한복음 3장은, 어느 날 밤에 니고데모라는 사람이 예수님께 찾아와서 질문하는 유명한 장면이야. 니고데모가 어떤 사람인지에 대해서는 인터넷이나 유튜브에서 찾아보면, 내가 설명하는 것보다 더 정확하고 유익하고 풍성한 정보를 찾을 수 있을 거다. 어두운 밤에 예수님을 찾아온 니고데모는 이것저것을 물으며 궁금증을 해소하고자 했다. 니고데모처럼 신앙적인 의문들을 질문하면서 알아가려고 시도하는 것은, 신앙의 성실한 모습 중 하나라고 생각이 된다.

    예수님이 성령에 대해 모르는 니고데모에게 무엇을 예로 들어 가르쳐주는가? 바람이다. 성령이란, 눈으로 보이지는 않지만, 영으로 계시는 하나님이야. 바람이란 게, 눈에 보이지도 않고 손에 잡히지도 않지만 존재하잖아. 바람이란 게, 어디에서 오며 어디로 사라져 가는지 알지 못하지만 존재하잖아. 하나님의 영은 바로 그와 같다는 거지. 눈에 보이지 않지만 명백하게 존재하며, 만져볼 수도 없지만, 능력으로 충만한 영으로 계시는 성령 하나님. 내가 이전에 출판했던 묵상집 『사랑하는 데오빌로에게』 8월 4일 내용이다.

8월 4일 〈요한복음〉 -
바람이 분다 살아야겠다

예수께서 대답하시되…바람이 임의로 불매 네가 그 소리는 들어도 어디서 와서 어디로 가는지 알지 못하나니 성령으로 난 사람도 다 그러하니라 _ 요한복음 3:5, 8

8월 초 한여름 절정 햇볕은 뜨겁고 습도는 높으며 힘듭니다. 돌아보면 건강치 못했기에 뜨거운 여름마다 가을을 기다렸습니다. 가을바람을 많이 기다렸습니다. 그리고 폴 발레리의 '바람이 분다 살아야겠다'는 시를 떠올렸습니다. (물론, 시 내용이 가을철의 바람을 가리키는 것은 아니지만 말입니다.)

> 누군가가 이렇게 말했다. 바람이 분다 살아야겠다.
> 오늘 아침 창문을 여니 멀리 잿빛의 도시 위로
> 하나 가득 몰려든 비바람.
> 문을 닫고 돌아와 따뜻한 난로 옆에 앉는다.

아, 나의 앞에는 얼마나 거친 시간들이 준비되어 있는 것일까.
누군가가 말했듯이 바람이 분다 살아야겠다.

밤에 니고데모가 예수께 찾아와 이것저것 신앙적 의문들을 물으며 설명을 요구했습니다. 예수님은 니고데모에게 '성령님'을 '바람'에 비유하여 말씀하십니다. '바람이 임의로 불매.'
바람은 보이지 않고 손에 잡히지도 않습니다. 하지만 불어오는 소리를 귀로 듣고 피부로 느끼면서 존재를 알게 됩니다. 성령 하나님이 바로 그와 같다고 예수께서 비유하시는 것입니다.
우리 인생의 어느 시점에 성령의 바람이 불어오지 않았다면 우리가 어떻게 이처럼 하나님 믿으면서 기쁨, 감사, 섬김, 천국 소망으로 살 수 있겠습니까! '바람이 분다 살아야겠다' 팔을 활짝 열며 성령의 바람을 맞습니다.
우리는 성령의 바람이 불어와 살게 된 사람들입니다. 아멘.

너의 질문, 예수님은 누구시고, 하나님은 누구시고, 성령님은 또 누구냐고?
일단, 이 정도로 설명을 마치려고 한다. 믿음의 전쟁에서 너도 나와 함께 영원히 같은 편에 서기를 기도할게. 예수님을, 만물을 지으신 하나님으로 믿고, 스스로 오신 희생 어린 양으로 믿고, 메시아로 믿기를 기도할게. 삼위일체 하나님을 아멘으로 믿기를 기도할게. 찬송가의 첫 1장부터 7장까지 삼위일체 하나님을 찬양하고 있어. 찬송가 2장은 아래와 같아.

찬양 성부 성자 성령 성 삼위일체께
영원무궁하기까지 영광을 돌리세 영광을 돌리세 아멘
Te Father, Son, and Holy Ghost the God whom we Adore
Be glory, As it was, is now
And shall be ever more, And shall be ever more, A-men

메시아를 풍문으로만 듣다가 광장에 나온 사랑하는 친구가, 믿음이 걸린 전쟁에서 성부 하나님, 성자 하나님, 성령 하나님을 만나는 승리를 거두길 간절히 기도할게.

"그는 도끼를 들어 전당포 노파의 뒤통수를 내리쳤다"
주인공 라스콜니코프가 전당포 노파를 살해하는 장면.

_ **도스토예프스키의 『죄와 벌』 중에서**

열 번째 편지 (죄악에 관하여)

지란지교를 꿈꾸며, 속히 찾아가서 만나야 할 친구에게

지란지교를 꿈꾸며, 속히 찾아가서 만나야 할 친구에게

『지란지교를 꿈꾸며』라는 수필 제목처럼, 나의 유년 시절, 청소년 시절 그리고 청년 시절, 너는 나에게 지란지교였다. 그런데 어느 때부터인가 우리 사이가 조금씩 소원해지기 시작하였지. 그 이유에 대해서는 피차 말을 하지 않아도 짐작할 수 있을 거야. 아니 짐작이 아니라 분명한 사실일 테지. 우리가 소원해지기 시작한 것은, 내가 청년 시절부터 교회를 다니며 예수님을 열심히 믿게 될 때부터였다. 더군다나 내가 20대가 끝날 무렵에 신학의 길로 가게 되면서부터는, 한 해 한 해, 그

햇수만큼 멀어져 버린 것 같다. 너는 나에게 말했었다.

나는 친구를 잃어버린 것 같다. 그래서 네가 신학의 길로 들어가는 것이 나는 싫다.

너의 그 말은, 수십여 년이 지난 지금까지도 내 머릿속에 지워지지 않고 남아 있다. 그리고 내 마음에는 문득문득 미안함이 피어오르곤 했다. 물론 내가 먼 지역으로 이사를 왔지만, 그건 핑계이고, 우리는 다른 길로 향하며 점점 간극이 멀어져 지금에 이르게 되었구나.

건강히 잘 보내고 있는가? 하긴 건강에 관해서는 언제나 네가 나의 건강을 걱정했다. 속히 찾아가서 만나도록 시간을 만들겠다. 이러다가는 우리의 인생이 끝날 거 같군. 내가 너에게 준 사랑과 우정보다 네가 나에게 준 사랑과 우정이 더 많았다. 그런 네가 어서 빨리 하나님을 믿어야 하는데, 지란지교를 꿈꾸며 속히 너를 찾아가겠다.

언젠가 너는 왜 교회는 죄에 대해서 강조하느냐고 물었었다. 죄가 무엇이냐고 물었었다. 기억나는가? 그래서 나름 대답을 했는데, 그때 그 식사 장소는 주변이 너무 시끄러워서 집중

할 수가 없는 환경이었다. 오늘은 그 질문에 대해 답을 편지로 보내려고 한다. 꼭 보내야 한다는 의무감 같은 마음으로 편지를 쓴다. 그런데 어쩌면 이 편지가 너와의 간극을 더 벌이게 만드는 게 아닐까 우려도 되지만, 그래도 절절한 사랑의 편지이다. 아, 성경도 하나님께서 우리에게 보내는 러브레터이다. 물론 네가 이렇게 의아심을 가질 수도 있겠군. "왜 러브레터라고 하면서 그렇게 죄와 심판을 많이 강조하는가!"

죄란 무엇이냐고?
수없이 받아왔던 질문이고 수없이 반복하며 강조해 온 주제이지. 신앙인들은 죄가 무언인지에 대해서 명확히 알고 있어야 하거든. 그래야 본인의 신앙도 견고하고, 또한 믿지 않는 주변 사람이 이러한 질문을 해오면 답변할 수 있거든.
"교회에서 죄를 회개하고 구원받아야 한다고 말하는데, 교회에서 말하는 죄가 무엇인가요?"
성경 진리가 가르쳐주는 죄는 세상에서 흔히 말하는 죄와 본질적인 면에서 다르다. 예를 들어 〈신과 함께〉라는 영화가 있었는데. 혹시 본 적 있는가? 이러한 스토리이지. 주인공이 사고로 죽었고, 저승 법에 따르면 죽은 사람은 49일 동안 7번의 지옥 재판을 거쳐야만 해.

첫 번째가 살인죄를 지었는지 심판하는 살인 지옥의 재판. 살인 지옥의 심판을 쉽게 통과할 것 같았는데 그렇지 않았지. 여기에서 살인이란, 꼭 사람을 죽인 것만이 아니라, 나의 말이나 행위로 다른 사람을 죽음으로 몰아간 것도 살인죄에 해당한다는 것이야. 나는 영화를 보면서, 나도 저 재판을 통과하지 못하겠다. 나도 살인죄를 지었을 수 있겠다 싶었다.

두 번째, 나태하고 게으르게 살았는지 심판하는 나태 지옥의 재판. 이 재판 역시, 나는 통과하지 못해서 지옥으로 떨어지겠다 싶었다.

세 번째, 거짓말을 하며 살았는지 심판하는 거짓 지옥의 재판. 이 재판 역시 통과하지 못해서 지옥으로 떨어지겠다 싶었다.

네 번째, 불의하게 살았는지 심판하는 불의 지옥의 재판. 이 재판도 마찬가지.

다섯 번째, 배신하며 살았는지 심판하는 배신 지옥의 재판. 어떻게 사람이 배신 한 번 안 하면서 살아갈 수 있겠는가? 역시 지옥행.

여섯 번째, 폭력을 사용하였는가? 폭력 지옥의 재판. 역시 지옥행.

일곱 번째, 부모에게 불효했는지 심판하는 천륜 지옥의 재판.

만약에, 이 기준으로 재판한다면, 사람들은 100% 지옥에 떨어질 수밖에 없겠지. 지금 모습으로 살아가는 사람들은, 심판을 통과하지 못하고 지옥에 갈 수밖에 없는 존재임을 생각하게 하는 영화야.

아, 여기서 잠깐 지옥에 대해서도 언급할게. 지옥은 한 해가 지나가고 새로운 해가 실제로 오며 존재하듯이, 일생이 끝나면 지옥과 천국은 실제로 오며 존재하는 것이지.

존경받는 유명 스님이 강연하다가 참석자 중 한 명의 고민을 질문받게 되었다.

"돌아가신 어머님이 천국에 가 계신 지 너무 궁금하고 괴롭습니다."

스님은 그 질문자에게, 천국이 있음을 믿으라고 답변 하셨다. 그런데 왜 천국을 믿으라고 답변하셨느냐? 믿어야지 내 마음이 편하기 때문이라는 거야. 내 답변은 이것과는 다르다.

그렇다면 크리스천들은 왜 지옥이 있고 천국이 있음을 믿어야 하는가? 마음이 편한 문제가 아니고 진리의 문제이기 때문이지. 진리의 예수님께서 천국과 지옥에 대해서 수없이 말쓺하시지. 그래서 우리 믿는 자들이 세상 사람들에게 알리는 복음을 '천국 복음!'이라고 말하는 것이야. 예수님 믿어야 천국에 간다는 기쁜 소식.

우리가 살면서 아기가 태어난 소식을 전하지. 상을 받았다는 소식을 전하지. 결혼한다는 소식도 전하지. 취직했다는 소식도 전하지. 돌잔치, 칠순 잔치, 팔순 잔치 소식도 전하지. 모두 다 중요하고 기쁜 소식이야. 그런데 우리가 전해야 할 가장 중요하고 기쁜 소식은 천국 소식이야. 예수님 믿으면 지옥에 가지 않고 천국에 갈 수 있다는 소식.

다시 죄는 무엇인가의 질문으로 돌아갈게.

거짓, 사기, 강도, 상해, 살인, 물론 이런 것이 모두 다 죄지. 그런데 성경이 가르쳐주는 인간의 근본적 죄는, 인간의 나쁜 행동을 가르치는 도덕 용어가 아니라 영적 용어이지. 죄는 피조물 인간이 하나님을 부인하며 스스로 하나님이 되고 주인 되어 살아가는 교만을 가리키는 영적 용어.

그는 도끼를 들어 전당포 노파의 뒤통수를 내리쳤다

도스토예프스키의 『죄와 벌』에서 주인공 라스콜니코프가 전당포 노파를 살해하는 장면 알고 있지? 그리고 라스콜니코프는 도망하잖아. 너도 잘 알고 있을 테지만, 『죄와 벌』은 주인공의 내면에 존재하는 선과 악의 갈등을 치열하게 그려내고 있다. 그런데 라스콜니코프의 근본적인 죄는 무엇인가? 왜 전당포 노인을 죽였는가?

라스콜니코프 자신이 신을 대신해서 노파를 심판한 것이지. 어느 날 라스콜니코프는 술집에서 청년들의 대화를 엿듣게 되지. 전당포 노파가 가난한 사람들에게 돈을 빌려주고 차익으로 돈을 번다는, 악명이 높다는 얘기를 듣고 분노를 하였고. 라스콜니코프는 '전당포 노인보다 내가 올바른 곳에 돈을 쓰는 것이 정의롭지 않겠는가?'라는 생각과 함께 전당포 노인을 죽이기로 결심하게 되잖아. 그리고 노인을 죽일 때 라스콜니코프는 스스로 이렇게 말하지.

> 지금 나의 행위를 막는 것은 전통적인 도덕 관념뿐이다. 만약 신이 없다면 나는 무엇이든 할 수 있다.

그리고 결국 도끼로 전당포 노인을 살해하였지. 왜 전당포 노인을 죽였는가? 라스콜니코프의 근본적인 죄는 무엇인가? 하나님을 대신하여 심판하겠다는 것이, 그의 근본적인 죄였지. 인간이 하나님을 대신하겠다는 것. 인간이 하나님이 되겠다는 것. 이 교만에서 죄가 시작된다는 것이 성경의 교리이다.

하이든이 작곡한 위대한 음악 〈천지창조〉라는 오라토리오에 대해서도 잠깐 언급할게.

〈천지창조〉는 창세기 1장, 2장을 배경으로 국한되어 있다. 왜냐하면, 3장부터는 아담과 하와의 죄악이 등장하기 때문이야. 하이든은 〈천지창조〉에서 아담과 하와가 죄를 짓는 장면은 넣지 않지만, 천사 우리엘이 아담과 하와를 바라보면서 이러한 우려를 표해. "참으로 행복한 한 쌍이구나. 더 많이 갖고 싶어 하고 더 많이 알고 싶어 하는 그릇된 망상에 유혹당하지만 않는다면 그대들은 영원히 행복할 텐데."

그런데 우려한 대로 아담과 하와는 그릇된 망상에 유혹당하면서 죄를 짓게 되었지. 그들이 유혹에 넘어간 그릇된 망상이란 무엇인가? 성경의 첫 책이 창세기인데, 3장 5절에 뱀의 은밀한 유혹이 인간 마음을 파고들며 그릇된 망상을 갖게 하였거든. "너희가 하나님과 같이 될 수 있다." 뱀은 이렇게 유혹했지. 하나님이 손대지 말라고 하신 이 과일을 먹으면,

너는 하나님과 같이 될 수 있다 _ 창세기 3장 5절
You will be like God

"하나님과 같이 된다"(You will be like God)는 의미는, 내가 하나님 되고 내가 주인 되고 내 마음대로 살고 싶다는 거지. 아담과 하와의 이 그릇된 망상과 욕망은, 모든 인류 안에 유전되어 내려오고 있거든. 나에게 내 가족에게 나의 이웃에게 그릇된 욕망과 망상이 유전되어 내려오고 있거든. 그래서 하나님을 부인하고 하나님을 부정하고 하나님을 밀어내고 내가 하나님 되어 내 마음대로 살아가는 것이지.

'하나님은 존재하지 않는다'라는 이 죄악 된 무신론 사상에 철학적 기초를 마련한 사람이 루트비히 포이어바흐인데 그는 이런 유명한 말을 했어.

> 하나님이 인간을 창조한 것이 아니라, 인간이, 존재하지도 않는 하나님을, 상상 속에서 만들어냈다. 이 세상에 정말로 신이 존재하기 때문에 신의 존재를 주장하고 믿는 것이 아니라, '신이 존재했으면 좋겠다'라는 인간들의 바람이 하나님을 만들어 낸 것이다.

이 말에 많은 지성인들이 매료되었다고 한다. 카를 마르크스도 이 주장에 동조한 것이고. 오늘날 우리 주변의 무신론자들도 다 포이어바흐의 주장에 뿌리를 두고 있겠지. "하나님이 있기는 뭐가 있겠어. 다, 인간들의 상상 속에서 만들어 낸 것이지!"

그러나 성경은 포이어바흐의 주장과 정반대이다. 하나님은 정말로 계시는데, 인간들이 교만한 죄에 빠져 '하나님은 없으면 좋겠다'라는 마음을 품고, 하나님을 부정하고 믿지 않는다는 것이지. 성경 시편에서는 하나님을 믿지 않는 인간들을 이렇게 고발해.

> 어리석은 자는 그의 마음에 이르기를 하나님이 없다 하는도다 _ 시편 14편 1절
> 악인은 그의 교만한 얼굴로 말하기를 … 그의 모든 사상에 하나님이 없다 하나이다 _ 시편 10편 4절

라스콜니코프의 근본적인 죄는, 하나님을 부인하며 내가 하나님처럼 심판자가 되겠다는 교만이야. 그리고 이것이 인간의 근본적인 죄이고, 인간들의 모든 죄의 뿌리이지. 이 죄의

뿌리에서 열매들이 주렁주렁 열린다는 것이 신약 성경 로마서 1장에 고발하고 있다. 그 고발을 보기 전에 먼저, 죄의 뿌리를 로마서 1장 28절에 알려주고 있거든.

또한 그들이 마음에 하나님 두기를 싫어하매

그리고 로마서 1장 29-31절에 인간의 온갖 죄의 열매들이 고발되고 있어.

곧 모든 불의, 추악, 탐욕, 악의가 가득한 자요
시기, 살인, 분쟁, 사기, 악독이 가득한 자요
수군수군하는 자요
비방하는 자요 하나님께서 미워하시는 자요
능욕하는 자요 교만한 자요
자랑하는 자요 악을 도모하는 자요 부모를 거역하는 자요
우매한 자요 배약하는 자요 무정한 자요 무자비한 자라

이처럼, 성경은 인간의 죄가 세상에 홍수처럼 넘친다고 고발하고 있어. 그런데 세상 사람들은 죄에 대한 말을 하면 거부

감이 있으며, 현대 사회에서는 더욱 강하게 나타나는 것 같아. 사람들은, 분명 잘못을 저질렀음에도 불구하고, "네가 뉘우치고 반성해야 한다! 회개해야 한다!" 점점 이런 말을 사용하지 않고, 이런 식으로 바뀌어 가고 있어. "네가 상처가 있었구나. 네가 치유가 필요한데 몰랐구나." 잘못, 죄, 뉘우침, 회개 대신에 상처, 힐링, 치유, 긍정 등의 단어로 대체되어 가고 있는 거지. 그래서 우리 사회에 염려스러운 면이 있어. 너는 그렇게 생각하지 않는가?

"왜 교회는 죄에 대해서 강조하느냐? 죄가 무엇이냐?"라고 네가 물었는데, 도움이 되었는지 모르겠군. 조금 더 얘기할게. 사실 너만 그런 의문을 가지는 건 아니고, 교회 안에서도 그런 의문을 가지고 있어. "왜 죄를 그렇게 반복하며 강조해서 말하느냐?" 그리고 교회 안에서도 이런 바람을 가지고 있지. "우리는 긍정적인 말, 축복의 말을 듣고 싶다. 행복에 대해서, 성공에 대해서, 건강에 대해서 등 좋은 얘기들이 많이 있는데, 왜 죄에 대해서 그렇게 강조하느냐?" 그런 불편함과 못마땅함과 바람을 가지고 있거든.

옥한흠 목사님이라는 분이 미국 시카고 근교에 있는 어느 교회에 들렀다가 충격을 받으셨다는 글을 쓰신 적이 있어. 설교 강대상 앞에 방탄유리가 설치되어 있었기 때문이야. 그 교회 목사님이 죄에 대해서 강하게 설교하니까 어떤 사람이 권총으로 목사님을 쏘려는 사건이 두 번이나 있었다는 거야. 그런 일을 몇 번 당하고 나서는 방탄유리를 설치했다는 사연을 듣게 되었지. 이렇게 사람들은 죄를 지적할 때, 불편함과 못마땅함, 거부감이나 반감, 심지어는 분노까지 가질 수 있지. 하지만 구약 성경은 죄에 대해 반복하며 강조해. 신약 성경도 죄에 대해 반복하며 강조해. 하나님께서도 죄에 대해서 반복하며 강조하시고. 예수님도 죄에 대해 반복하며 강조하셔. 왜 그럴까?

왜냐하면, 그게 진정한 사랑이거든. 죄에서 건져내는 것이, 사랑이기 때문이야. 나를 죄에서 건져내는 것이 나를 향한 하나님의 사랑이고, 우리를 죄에서 건져내는 것이 우리를 향한 하나님의 사랑이기 때문이지. 죄에서 건져내지 않으면, 죄 가운데 갈수록 무너져가고 불행해져 가며 마침내는 파국을 맞고, 심판을 받기 때문에, 그토록 죄에 대해서 반복하며 강조하는 것이야.

세상 사람들은 다시 반문하겠지. 그게 진정한 사랑이라고?

무신론자들은 이렇게 비웃잖아. 사랑의 하나님이시라면서 왜 인간에게 재난과 고통을 주느냐? 왜 심판을 주느냐? 이런 현실을 보면, 사랑의 하나님은 존재하지 않는 것이 아니겠느냐? 버트런드 러셀 등 하나님은 없다고 주장하는 무신론 사상가들이 그랬고. 리처드 도킨슨 등 무신론 과학자들도 그랬고. 니체 등 무신론 철학자들이 그랬고. 프로이트 등 무신론 심리학자들이 그랬고. 칼 마르크스 등 무신론 혁명가들이 그렇게 말했지. 사랑의 신이 존재한다면 어찌 인류에게 고통과 화를 주느냐! 재난과 심판을 주느냐! 그러므로 하나님은 존재하지 않는다. 신은 죽었다. 이같이 하나님을 거역하며 모욕을 한 것이지.

그러나 분명히 알아야 할 게 있어. 하나님께서 화를 주시는 것이 아니라는 사실이야. 하나님께서 고통과 재난을 주시는 것이 아니라는 사실이야. 뿌린 대로 거둔다고, 인간들 스스로 초래한 괴로운 열매들임을 알아야 해.

다시 설명할게. 하나님께서 인간 세상을 창조하시고 보시기에 좋았더라고 말씀하셨지. 하나님을 사랑하고 순종하는 가운데 세상은 완벽히 아름다웠고 평화로웠다. 하나님 보시기에 좋았던 처음 이 세상에 분열과 미움과 증오가 있었을까? 화를 당하는 것이 있었을까? 재앙이나 전쟁이 있었을까? 에덴동산에는 그런 것이 없었지.

그런데 인간이 하나님 없이도 잘 살 수 있다는 교만의 죄를 품고 말았지. 그러면서 하나님을 밀쳐냈으며, 화목 관계였던 하나님과 원수 관계가 되었거든. 내가 하나님처럼! 내 마음대로 내 욕심대로! 이 교만이 바로 죄의 뿌리이며, 이 죄의 뿌리로부터 시작해서 줄줄이 맺혀지는 인간의 죄악에 관해 앞에서 로마서 1장 29-32절을 들어 얘기했잖아. 세상에는 죄가 넘쳐 나. 나의 죄, 내 가족의 죄 때문에 다른 이들이 피해를 받을 수 있고. 당신의 죄, 당신 자녀의 죄 때문에 누군가가 피해를 입을 수 있지. 사람들의 죄가 얽히고설킨 가운데 억울하게 희생되는 사람들이 생겨나거든. 우리 사회에서 일어나는 슬프고 끔찍한 사건들도 그렇고 세계 곳곳의 테러도 그렇고. 인간의 죄악 가운데 세상은 고통받고 있어. 그래서 〈노아〉라는 영화를 보면 매우 인상적인 말이 나오지.

> 인간이 죄를 지으며 세상을 타락시켰으니, 우리는 파괴되어야 한다

세상의 고통을 보면서, 사람들은 하나님이 사랑이시라면 왜 이렇게 보고만 계시느냐고 의심하고 비웃고 따지는데, 하나님의 오래 참으시는 사랑 때문에 세상이 그나마 유지되고 있는 것이야. 오래 참으시는 사랑이 없었다면, 인간은 자신의 죄악으로 이미 다 파괴되었을 수 있는 것이야. 하나님의 오래 참으시는 사랑이 없었다면, 죄투성이인 나 역시 이미 끝장날 수 있었던 것이지. 죄는 그만큼 무섭고 두렵고 끔찍한 것이야. 그러므로 하나님께서는 사랑의 서신인 성경을 통해서 죄 문제를 가장 많이 다루시는 것이지.

이 세상은 죄가 넘쳐 엉망진창이고, 심판이 기다리고 있지. 이게 현실이고 실제이니 소망이 없는 것이지. 그러나 사랑의 하나님께서 기쁨과 위로의 소식인 복음을 주셨지. 인류에게 주신 그 기쁘고 복된 소식은 과학과 의학이 발달해서 달나라로 휴가를 떠나게 될 거라는 소식도 아니고, 수명이 연장되어서 100수를 누리고 150살까지 살 수 있을 거라는 소식도 아니고, 남한과 북한이 통일된다든지, 전쟁이 그칠 것이라는 소식도 아니야.

영원한 복음 기쁜 소식은, 나는 하나님을 부정하는 근본적인 죄로부터 시작해서 주렁주렁 죄의 열매를 맺어 심판받아야 할 죄인이지만 나를 심판에서 구원하실 구원자, 예수 그리스도께서 계신다는 소식이지. 나의 죄인 됨을 회개하고 예수님을 믿으면 죄 사함을 받는다는 소식이지. 죄와 심판과 사망에서 영원히 구원받는다는 소식이지.

너는 법 없이도 산다는 소리를 들을 만큼 착한 친구였다. 내가 너에게 준 사랑과 우정보다 네가 나에게 준 사랑과 우정이 더 많았다. 내가 이기적이었다면, 너는 이타적이었다. 다시 지란지교를 꿈꾸며 속히 너를 찾아가겠다. 그때까지 건강하게 지내길 바란다.

열 번째 편지 추신

아, 그리고 내가 너에게 보내주었던 365일 신앙 묵상집 『사랑하는 데오빌로에게』를 읽었는지 모르겠구나. 그 책의 12월 27일 묵상을 함께 보낸다.

12월 27일 묵상
〈생명책에 이름이 기록되었으니, 즐거워하고 기뻐하라!〉

사람들에게 진리를 전할 때, 가장 어려운 부분은 죄와 심판을 깨닫게 하는 것입니다. 최후 심판을 믿지도 않을뿐더러 설사 있다 치더라도, 지옥 불에 던져질 만큼은 자기 죄가 심각한 것 같지는 않다고 생각합니다. 범죄자나 히틀러 같은 사람이라면 갈 만하지만, 보통 사람들은 지옥 불에 갈 만큼은 아니라고 생각합니다. 사람들 각자의 죄의식은 천차만별입니다. "하늘을 우러러 한 점

부끄러움이 없기를 잎새에 이는 바람에도 나는 괴로워했다"라는 윤동주의 시구처럼 죄에 관해 예민한 양심을 가진 사람이 있는가 하면, 파렴치한 죄를 짓고도 죄로 여기지 않는 사람도 있는 것입니다.

이처럼 인간들 사이에도 하늘과 땅 차이인데, 하나님과 우리 인간이 보는 죄의 관점은 어떻겠습니까! 우리 마음과 생각은 죄로 어두워져서, 죄가 죄로 여겨지지 않는 것입니다. 그렇게 살아가다가 언젠가는 죽음을 맞으며 최후 심판대에 서게 됩니다.

인류 중에 누가 자기 선함으로 심판에서 벗어날 수 있겠습니까? 오직! 죽임당하신 어린 양 예수님만이 구원하실 수 있습니다.

〈요한계시록〉에서는 희생 어린 양에 대해 반복해서 나타납니다.

오직 어린 양의 생명책에 기록된 자들만 들어가리라 _ **요한계시록 21:27**

어느 성도님이 말했습니다. "목사님, 저는 오늘 설교를 통해서 나 자신이 죄인이라는 사실을 처음으로 깊이 인정하게 되었습니다." 나 자신 죄인임을 회개하고 어린 양 예수님을 믿은 자들은 심판받지 않고 영원한 생명책에 기록됩니다! 그러니 기뻐하십시오!

인생에 주어진 의무는 다른 아무것도 없다네.
그저 행복하라는 한 가지 의무뿐.
우리는 행복하기 위해 세상에 왔지. _ **헤르만 헤세**

그래서 헤르만 헤세는 행복한 인생을 살았을까? 그의 인생 스토리를 보면, 행복한 유년기는 아니었고, 행복한 청년기나 장년기도 아니었고, 그렇다면 노인이 되었고 죽음을 맞았을 때는 행복했을까? 무엇이 행복일까? 그런데 우리는 꼭 행복해야만 하는 걸까?

열한 번째 편지 (행복에 관하여)

진정한 행복을 찾아가고 싶다고 말했던, 너에게

진정한 행복을 찾아가고 싶다고 말했던, 너에게

건강하게 잘 보내고 있는가? 한국에 있을 때도 평소 건강을 잘 관리하고 유지했던 터라, 거기서도 건강은 무탈할 거라 생각되는군. 연구는 잘 진행되고 있는가? 전공 연구 분야에 대해서 일전에 내게 말해주었는데, 어렵고 복잡해서 내가 잘 알지는 못하지만, 사람들의 건강과 행복에 증진을 줄 수 있는 분야겠구나! 생각했지. 주어진 기간 동안 소기의 목적을 잘 달성하길 응원하고 기도로 도울게.

그리고 그때 "진정한 행복을 찾아가고 싶습니다!"라고 했었는데, 기억나는가? 그 후로 몇 년의 세월이 지나갔는데, 진정한 행복을 잘 찾아가고 있는가?

그러고 보니, 지금으로부터 20여 년 전에 하버드 대학의 대니얼 길버트라는 교수가 쓴 『행복에 걸려 비틀거리다』(Stumbling on Happiness)를 읽었던 기억이 나는군. 행복 추구의 급류에 떠내려가고 있는 현대인들이 꼭 읽어봐야 할 책이라는 생각을 당시에 했었는데, 그리고 나도 정신없이 세월이 흘러 여기까지 왔군. 지금이야 대니얼 길버트 교수는 은퇴했을 것이고, 탈 벤 샤하르 교수의 행복학 강의가 아이비리그 3대 명강의 중 하나로 꼽힌다는데, 명성대로인지는 모르겠군. 연구하느라 바빠서 인문학 강의까지 들을 여유가 없을 테지.

진정한 행복이란 무엇일까?

행복에 관해서는 헤르만 헤세가 남긴 말이 유명하지. "인생에 주어진 의무는 다른 아무것도 없다네. 그저 행복하라는 한 가지 의무뿐. 우리는 행복하기 위해 세상에 왔지." 그래서 헤르만 헤세는 행복한 인생을 살았을까? 그의 인생 스토리를 보면 행복한 유년기는 아니었고, 행복한 청년기나 장년기도 아니었고, 그렇다면 노인이 되었고 죽음을 맞았을 때는 행복했을까? 그리고 죽음 이후는 행복할까?

나는 헤르만 헤세를 생각할 때, '불우하고 불행했던 그러나 위대하고 빛나는 성취자'라는 이미지가 떠올라. 헤르만 헤세는 그의 시 〈봄의 말〉처럼, 그렇게 살고 싶은 열망이 있었을거야.

> 살아라, 자라나라, 피어나라, 희망하라, 사랑하라, 기뻐하라, 새싹을 움트게 하라, 몸을 던져 두려워하지 마라.
> Ledes Kind weiß, was der Frühling spricht: Lebe, wachse, blühe, hoffe, liebe, freue dich und treibe neue Triebe, gib dich hin und fürcht das Leben nicht!
>
> _ 헤르만 헤세, 〈Sprache des Frühlings, 봄의 말〉 중에서

헤르만 헤세는 노벨 문학상까지 받은 최고로 명예로운 작가였지만, 봄처럼 희망하며 기뻐하며 행복하게 살지는 못했던 것 같아. 사실 그는 우울과 불안 등의 정신 쇠약증으로 괴로워했거든. 청소년 때는 자살 시도도 했었고, 어머니는 정신 쇠약증으로 시달렸고, 두 동생이 병으로 죽는 비운을 맞기도 했거든. 아버지와의 갈등도 심해서 아버지를 향한 분노가 컸

고, 세 번의 결혼 생활도 파국을 맞았지. 게다가 세계 1차 대전이라는 전쟁의 소용돌이를 지나기도 했었지. 이러한 생애 속에서 정신 치료를 병행했고, 스위스에 갔을 때는 심리학의 대가 칼 융과 만나기도 했었다고 한다.

물론, 인생의 깊은 상처로 부서진 영혼이 그를 위대한 문학자로 만드는 데 일조를 했을 것이라는 생각이 들긴 해. 그는 그렇게 파란만장한 삶을 살다가 뇌출혈로 세상을 떠났지. "인생에 주어진 의무는 다른 아무것도 없다네. 그저 행복하라는 한 가지 의무뿐. 우리는 행복하기 위해 세상에 왔지"라는 말을 했던 헤르만 헤세는 그 한 가지 의무를 이루었을까?

무엇이 진정한 행복일까?

현대 사회에서는 아예 행복한 삶에 관심이 없다고 말하는 사람들도 있는 듯해. 인간은 행복의 의무를 이루기 위해 이 세상에 왔다는 헤르만 헤세의 말을 비웃듯이 말이야. 그렇지만 사실 그들도 마음 깊이 행복을 바라고 있는 거지. 스스로 행복이라는 단어에 반항하거나 행복에 대한 바람이 없다 하더라도. 그래서 이 모양 저 모양 자기 소견대로 살겠다고 하지만, 그것 또한 넓은 범주의 세상 행복이거든.

무엇이 진정한 행복일까?

사람들은 진정한 행복을 찾아가고 있는데, "진리를 알지니 진리가 너희를 자유롭게 하리라"는 성경 말씀처럼 행복에 대한 진리를 알면, 행복에 대해 알고 있는 그 진리가, 자유롭게 할 거다.

어디서부터 무엇으로부터 자유롭냐고? 많은 대답을 할 수 있겠지만 하나로 초점을 맞추어 제한한다면, 현대 사회의 행복 지상주의로부터이지. 그런데 지금 가만히 보면, 행복 지상주의를 넘어서 행복 강박주의 시대에 살고 있지 않은가 싶다. 현대인들은 의식적으로나 무의식적으로 "나는 행복해야 한다!"라며 행복을 좇는 행복 강박주의에 빠져 있는 것 같다. 지난날 행복을 화두로 올리지 않았던 시대보다 오히려 더 불안해하지 않는가 싶다. 강박적 사고가 불안이나 괴로움을 일으키는 것이라는데, 이렇게 행복을 주창하는 자본주의 사회 속에서 행복해야 한다는 강박적 사고로 행복 언저리에 못 갈 것 같은 사람들은 오히려 더 행복 염려증이 생기지 않을까 우려가 된다. 우울과 불안, 불평불만 그런 부정적인 병폐도 나타나지 않겠는가 싶다. 그래서 오히려 행복에 걸려 비틀거리고 넘어지지 않는가 싶다.

무엇이 진정한 행복일까?

우리는 꼭 행복해야만 하는걸까? 아, 나는 행복을 떠올릴 때마다, 작은딸 해린이에게 엄마가 보냈던 행복에 관한 편지가 연상된다. 해린이도 진정 행복을 찾으며 살아가고 싶다고 말했기에, 엄마가 답신을 보낸 거겠지. 읽을 때마다 새롭고 많은 생각을 하게 만들기 때문에, 마음에 간직하고 있다.

> 사랑하는 해린아, 행복을 위해 살지 말아라.
> 그러기에는 불행한 사람이 너무 많고 행복을 위협하는 문제와 위기들이 끊이지 않으니까. 행복하기 위해 살아가면, 살아가는 이유를 잃어버릴 수 있단다.
> 하나님 때문에 살고 하나님의 목적을 따라 살고 하나님 때문에 기뻐한다면 어떤 상황 속에서도 의미를 발견하고 행복할 수 있으니 있는 힘 다해 하나님을 찾고 붙들어라

의식하든 의식하지 못하든 세상 사람들은 행복을 좇아간다. 그 행복이 편리와 안락이든, 쾌락이든, 성취든, 인정이든, 건강이든, 풍성한 만남이든, 각기 다양한 모습이겠지만, 어쨌든 세상 사람들은 행복을 좇아간다. 세상에 태어나 사는 동안,

행복에 대한 나름의 가르침과 영향을 받게 되며, "이런 게 행복이란다!" 하고 부모님으로부터 행복한 삶이 무엇인지 영향을 받고 배워가게 되고, 친구와 동료로부터 행복한 삶이 무엇인지 영향을 받게 되고, 인플루언서나 셀럽으로부터 행복한 삶이 무엇인지 영향을 받게 되고, 사회로부터 행복한 삶이 무엇인지 영향을 받게 되며, 각자 나름의 행복 가치관을 머릿속에 그리고 형성하게 된다. 자기 나름대로 행복을 정의하기도 한다.

행복을 세 개의 범주로 나누어 보려고 해. 물론 아마도 이런 의문을 표할 것으로 예상한다. "셋 다가 교집합(intersection)이 있고, 서로 배타적(exclusive)이지 않는 부분들도 있다고 생각되는데요." 물론 인정한다. 그 인정 속에서 나누어 볼게.

첫째, 이 세상 수많은 사람이 좇아가는 세속주의 행복이다. 해피니스의 행복이지. 알겠지만 해피니스(happiness)의 어원은 해픈(happen)이다. 해픈은 '우연히 일어나다!'라는 뜻을 가진 단어인데, 인생의 수많은 해프닝 속에서 얻는 행복이다. 눈에 보이고 손에 잡히는 돈을 의지한다든지, 건강이나 성취나 사람을 의지하는 가운데 행복을 갖고자 노력한다. 가지고 소유하면 행복하다고 여기며, 반대로 갖지 못하고 소유하지 못하면 불행감을 느끼는, 세상의 수많은 사람은, '해피니스/세속적 행복주의'를 좇아간다.

둘째, 이 세속적 행복주의를 경고하면서 나타나는 두 번째 행복 범주가 있다. 돈, 소유, 성취와 같이 해픈의 행복보다는 고상하고 교양 있는, 철학적 행복이다. 수없이 많은 행복학 강론이나 책들이 쏟아져 나온다. 그리고 사람들은 그 강론들을 듣고 책을 읽으면서 좀 더 고상한 행복에 대해 사색하고 추구하는 것이다. 위대한 사상가들, 철학자들, 예술가들이 감화력과 설득력으로 가르치는 행복론인데, 버트런드 러셀의 『행복의 정복』이라든가, 알랭 드 보통의 『불안』이라든가, 『꾸뻬 씨의 행복 여행』 등, 사상이나 철학에 가르침 받는 행복이지.

『곰돌이 푸, 행복한 일은 매일 있어』라는 책도 있지. 그런데 그 책 프롤로그에 보면 곰돌이 푸의 삶의 방식이 '자기 삶의 방식은 스스로 정한다'라고 말했던 19세기 독일 철학자 니체의 생각과 아주 비슷하다고 밝히고 있거든. 이 책은 행복에 대한 니체의 정신이 담긴 명언을 뽑아 곰돌이 푸의 목소리로 말하고 있다고 하거든. 누구나 행복해지고 싶다고 바라지만 누구나 행복해질 수 있는 것은 아닌데, 자꾸 나에게만 우울한 일이 생기는 것 같고, 행복이라는 것이 도저히 닿을 것 같지 않은 기분이 들 때, 이 책을 읽어보라고 말하고 있거든. 곰돌이 푸 이야기가 새로운 세계로 이끌어줄 것이라고 말하고 있거든.

그런데 이처럼 수많은 강론과 서적들이 행복 비결을 말하며 베스트셀러가 되지만, 그 내용이 공허한 울림으로 끝나 버린다. 행복의 7가지 법칙이나 행복의 12가지 조건 등 이런저런 행복 매뉴얼들이 제시되지만, 공허할 뿐 인간들은 여전히 답을 찾지 못하고 행복에 걸려 비틀거리는 것이지.

마지막 행복의 세 번째 범주는 하나님께서 알려주시는 행복이다. 인생을 통치하시고 장구한 인류 역사를 통치하시고 영원을 통치하시는 하나님께서 알려주시는 행복.

하나님께서 성경을 통해 알려주시는 행복은 해피니스의 행복이 아니라, 블레싱(blessing)의 행복이다. 예를 들어 성경에서는 구원받음이 진정 행복이라고 알려준다. 하나님을 사랑하며 순종하는 삶이 행복이라고 가르친다. 하나님께 가까이 하는 삶이 행복이라고 가르친다. 마음이 가난한 삶, 온유한 삶, 애통하는 삶이 행복이라고 가르친다. 좁은 길로 걷는 것이 행복이라고 가르친다.

아, 잠깐만, 해피니스와 블레싱에 대해서 다시 한번 기억하면 좋겠다. 영어 성경을 보면 구약이든 신약이든 복, 행복을 Happiness로 사용하지 않는다. '행복한 사람이로다'(신명기 33:29)에서도 'a happy person'이라고 쓰지 않는다. 'blessed are you'이다. 크리스천은 '해피니스'의 행복한 사람들이 아니라, '블레싱'의 행복한 사람들이다.

둘의 차이는 무엇인가? happiness의 어원 'happen'은 '우연히 일어나다'라는 뜻이다. 즉 예측할 수 없는 세상만사에 의해 행복이 좌우된다. 돈이나 건강이나 사람을 의지하면서 행복을 지키고자 노력하지만, 갑자기 위기가 닥쳐와서 손에 쥐었다고 생각하는 행복은 순식간에 무너질 수 있다. 한 순간에 돈이 날아갈 수 있고, 건강이 무너질 수 있고, 믿었던 사람이 등을 돌릴 수 있고. 모래 위에 쌓아놓은 성과 같은 이 happiness가 세상 사람이 바라는 행복이다. 이 세상의 거대한 가치관이며 풍조이지.

성경에 기록된 행복, 'blessing'의 어원은 'bleed'인데, '피를 흘리다. 희생하다'라는 뜻이지. 즉, 참된 행복은 세상의 수많은 해프닝 속에서 얻어지는 것이 아니라, 자신을 내어주며 하나님을 섬기고 사람을 섬기는 삶 속에 있다는 것이지. 이것이 온 인생의 주인 되시는 하나님께서 가르쳐주시는 인간의 진정한 행복이다.

"당신은 행복합니까?"라는 물음 앞에서, 사람들은 이 세 개의 범주 안에서 답할 것이다.

첫째, 신앙인임에도 세속적 행복주의를 좇아가고 있다면 이렇게 대답할 것이다. "하나님, 저는 행복하지 않을 때가 많습니다. 돈도 부족하고, 건강도 부족하고, 환경도 안 좋고요, 불만스러운 게 한두 가지 아닙니다. 불행하지 않고 행복하면 좋겠습니다. 하나님. 저도 남부럽지 않게 행복하게 살 수 있을까요?" 이것이 세속주의 행복을 좇아가는 성도들의 대답이며 반응이며 태도일 것이다.

둘째, 고상하고 철학적 행복주의를 좇아가고 있다면 이렇게 반응할 것이다. 나는 돈과 번영을 추구하는 그런 속물적 행복주의자는 아니다. 여러 책에서 보니 나 자신을 더 존중히 여기며 더 사랑하며 행복을 찾으라고 하더군. 나의 계획과 꿈을 좇아가며 내 나름의 행복을 찾으라고 하더군. 그래서 나는 아름다운 행복을 잘 가꾸어가려고 한다. 이렇게 신앙인임에도 '나'를 앞세우고 '자아'를 앞세우며, 나름 고상하고 교양 있고 멋진 대답을 할 것이다. 철학적 행복론을 주창하는 이들의 반응과 태도일 것이다.

셋째, 하나님께서 계시하시는 진리로서의 행복을 알고 있다면 이렇게 대답할 수 있을 거다. "하나님, 어떤 삶이 참 행복인지 알고는 있는데 쉽지는 않네요. 하나님, 제가 물질 중심주의, 외모 중심주의, 편리와 안락과 쾌락 추구, 이기적 자기 권리 추구 등 세속적 행복 불행의 잣대에 휘둘리지 않으려고 합니다. 그것에 휘둘려, 가지면 교만하고 갖지 못하면 낙심 불평하거나 시험에 들지 않기를 바랍니다. 그리고 한 편으로는 하나님을, 또 다른 한편으로는 세상 철학이나 사상에 의지하는 고상한 행복론에 유혹당해 진리에서 멀어져가는 악에서도 건짐 받기를 원합니다. 하나님, 어떤 삶이 참 행복인지 알고는 있는데, 그 진리로서의 행복을 사모하며 좇으며 누리며 살게 하십시오."

이 땅의 성도들은 세상과 사탄과의 영적 전쟁 중에 있는데, 아주 중요한 영적 전쟁 하나는 행복이 무엇인가? 성공이 무엇인가?라는 문제인데 이것은 진리의 전쟁, 사고의 전쟁, 세계관과 가치관의 전쟁이야. 참 행복에 대한 진리를 알면, 그 진리가 자유롭게 하고 강하게 하는 것이지. 행복에 대한 하나님의 뜻과 진리를 알아 길을 잃지 않고 잘 걸어가길, 응원하고 기도한다.

열 한 번 째 편 지 추 신

어딘가 먼 길을 함께 갈 때, 두 사람이 뜻이 같지 않으면 어떻게 되겠는가? 갈등이 생기고 불평하게 되겠지. 말다툼도 하고, 감정도 상하고, 그러다가 심지어는 갈라설 수 있을 테고. 구약 성경 아모스 3장 4절 보면 이런 말씀이 있다.

'뜻이 같지 않은데 어찌 동행하겠으며.' 하나님과 내가 함께 걸어가는데 뜻이 같지 않다면, 갈등도 겪고 의심도 하고 불순종도 하게 될텐 데, 어찌 기쁨의 동행이 되겠느냐는 의미이다.

현대 사회 인간들은 어떤 확고한 가치관이랄까 원칙이랄까 바람이랄까 하는 것들이 희미해졌습니다. 예를 들어서 예전에는, 훌륭한 사람이 되라고 가르쳤는데, 요즘은 훌륭한 사람 안 되면 어때? 라는 반응도 있습니다. 예전에는, 착하게 살라고 가르쳤는데, 요즘은 착한 사람 안 되면 어때? 라고 반응하기도 합니다.

그럼에도 불구하고, 비교적 모두가 의식적으로나 무의식적으로 동감하는 바람도 있습니다. 그것은 '지혜롭고 슬기롭게 살자'입니다. 미련하게 살면 어때? 어리석게 살면 어때? 이런 반응은 안 합니다. 그래서 〈슬기로운 감빵생활〉, 〈슬기로운 의사생활〉이란 드라마 제목도 있습니다.

그런데 예전에는 사회에서 지혜라고 인정되었던 것이 이제는 미련한 것이라고 취급받기도 하고, 예전에는 미련하다고 취급되었던 것이 이제는 지혜라고 대접받고 존중받기도 하니, 사람들은 길을 잃고 혼란만 가중될 수 있는 그런 세상입니다. 이러한 세상에서, 틀림이 없는 지혜가 있습니다. 이것이 인생의 올바른 지혜다! 이를 명료하고 정확하게 정리하려고 합니다.

지혜 있는 자가 어디 있느냐 선비가 어디 있느냐 이 세대에 변론가가 어디 있느냐 하나님께서 이 세상의 지혜를 미련하게 하신 것이 아니냐 _**고린도전서 1장 20절**

예수 그리스도를 아는 지혜 위에, 인생의 틀림없는 지혜를 놓습니다.

열두 번째 편지 (지혜에 관하여)
지혜롭게 살아가길 바라는 사랑하는 이들에게

지혜롭게 살아가길 바라는 사랑하는 이들에게

사람은 누구든지 지혜롭게 살아가길 원합니다. 미련하게 또는 어리석게 살지 않기를 바랍니다. 동서고금에 지혜서가 많이 있습니다. 그런데 예전에는 지혜라고 인정받는 것이 현대에는 오히려 미련한 것으로 취급되기도 합니다. 예전에는 어리석은 일로 취급되던 것이 현대에서는 지혜로 대접받고 존중받는 것이 있습니다.

그런데 여기 틀림이 없는 지혜가 있습니다.

구약 성경 잠언에 보면 사람들이 왕래하는 길거리나 시끄러운 골목에서 소리치는 것이 있다고 말합니다. 광장이나 성 안에서 소리치는 게 있다고 말합니다. 이렇게 소리치고 외치는 정체가 무엇이냐? 바로 '지혜'입니다.

> 지혜가 길거리에서 부르며 광장에서 소리를 높이며 시끄러운 길목에서 소리를 지르며 성문 어귀와 성중에서 그 소리를 발하여 이르되 너희 어리석은 자들은 어리석음을 좋아하며 거만한 자들은 거만을 기뻐하며 미련한 자들은 지식을 미워하니 어느 때까지 하겠느냐 _ **잠언 1장 20-22절**

그런데 잠언에서 말하는 지혜는, 세상에서 말하는 지혜와 다릅니다. 구약 성경에 등장하는 '지혜'의 히브리 원어는 '호크마'חכמה인데, '호크마'는 '하나님의 풍성한 생명이 우리 안에 흐르면서 올바른 인생길을 걸어가게 하는 지혜'를 뜻합니다. 모세는 광야에서 수많은 사람의 출생, 성장과 죽음을 지켜보면서 간절한 기도를 드렸습니다.

> 우리에게 우리 날 계수함을 가르치사 지혜로운 마음을 얻게 하소서 _ **시편 90편 12절**

광야 같은 인생을 지나며 얻고자 하는 15가지 인생의 지혜를 특별히 '쉬레이 하말롯'(שיר המעלות)에서 정리해보고자 합니다. '쉬레이 하말롯'은 시편 120-134편(15편)을 묶은 것으로, '성전으로 올라가며 부르는 노래'(A song of ascents)라는 뜻입니다. 오늘날로 말하면 하나님 나라로 나아가는 믿음의 도약을 이루는 노래라고 할 수 있습니다.

이 세상에서 예수 그리스도의 제자로서의 지혜로운 길을 가르쳐주는 노래입니다.

이것이 지혜입니다.

지혜가 너를 구원할 거라고 말하는데잠언 2:16, 이것이 지혜입니다. 지혜가 너를 선한 자의 길과 의인의 길로 인도하며잠언 2:20, 너의 인생을 보호하고 지킬 거라고 말하는데잠언 4:6, 이것이 지혜입니다. 지혜가 제일이니 지혜를 얻으라고 말하는데잠언 4:7, 지혜가 생명이고 구원이고 축복이라고 소리치는데, 이것이 바로 지혜입니다. 하나님의 풍성한 생명을 우리 안에 흐르게 하면서 올바른 인생길을 걸어가게 하는 호크마의 지혜입니다.

이것이 지혜입니다. 첫 번째

메섹과 게달, 즉 세속 가치관에 부화뇌동하지 않으며

NO하며 걷는 것.

메섹에 머물며 게달의 장막 중에 거하는 것이 내게 화로다
_ 시편 120편 5절

메섹과 게달은 당시 종족의 이름으로 하나님을 믿지 않는 세상 사람들을 상징하는데, 그들과 함께 유하며 그들 중에 거하는 것이 화라는 것입니다. 그렇다고 하나님 믿지 않는 세상 사람들과 어울리지 말라는 의미가 아닙니다. 세상 사람들의 세속적 가치관, 목표, 처세술 등에 마음이 동화되어 따라가지 말라는 것입니다. 돈 중심주의, 외모 중심주의, 편리 안락 쾌락 추구, 이기적 개인주의 등 그들의 가치관과 방식에 마음이 동하면서, 묵인하면서, 부러워하면서, YES 하며 살지 말라는 것입니다. 잘못된 풍조가 있다면 그것을 거역하고 NO 할 줄 알아야 한다는 것입니다.

너희는 이 세상을 본받지 말고 오직 마음을 새롭게 함으로

변화를 받아 _ **로마서 12장 2절**

메섹과 게달, 즉 세속 풍조에 부화뇌동하지 않으며 NO 하며 걷는 것, 이것이 호크마, 인생의 지혜입니다.

이것이 지혜입니다. 두 번째
세상 부조리와 모순과 불공평 앞에서, 또는 이해 어려운 상황을 만난다고 할지라도, 하나님 섭리를 의심치 않고 굳게 확신하며 걷는 것.

여호와께서 너의 출입을 지금부터 영원까지 지키시리로다
_ 시편 121편 8절

"나의 도움은 천지를 지으신 여호와에게서로다"시편 121:2라고 말씀합니다. 정말로 하나님께서 나를 도우시고 지켜 주시는가라는 의문을 가지는 어둠의 시기가 있습니다. "하나님께서 너를 실족하지 아니하게 하시며"시편 121:3 "하나님은 너를 지키시는 자라"시편 121:5 "낮의 해가 너를 상치 아니하며 밤의 달도 너를 해치 아니하리로다."^{시편 121:6} 성도들은 하나님이 보호해 주셔서 결코 질병에 걸릴 일도 없는가? 어려운 문제도 생길 리 없다는 것인가? 그렇지는 않습니다. 신실한 성도들도 길을 걷는 중에 사고를 겪습니다. 하지만 시편 121편의 궁극적 결론은 8절입니다.

> 여호와께서 너의 출입을 지금부터 영원까지 지키시리로다

영원까지!

나의 도움은 하나님에게서 옵니다. 그런데 하나님의 도우심과 지켜주심은 우리 인간이 생각하는 시간인 과거, 현재, 미래라는 시간을 초월하여 영원한 것입니다. 그래서 때로, 현재 만난 고난이 이해할 수 없을지라도 하나님 약속은 분명합니다. '지금부터 영원까지 지키시리로다.' 하나님께서 합력하여 최선으로 인도해 가신다! 이것이 하나님께서 자녀들을 이끄시는 영원히 변치 않는 사랑의 통치 원리입니다. 이 사랑의 통치 원리를 '하나님의 섭리'라고 말합니다.

내 삶을 이끄시는 영원한 사랑의 통치 원리인 하나님의 섭리를 굳게 확신하며 걷는 것, 이것이, 호크마 인생의 지혜입니

다. 세상을 살다 보면 부조리와 모순과 불공평을 느낄 때가 있습니다. 당연히 있습니다. 또는 이해하기 어려운 상황을 만날 때가 있습니다. 그런 모든 고비를 지나갈 때도 하나님 섭리를 의심치 않고 확신하며 걷는 것, 이것이 지혜입니다. 이 지혜가 구원할 것이며 선한 자의 길, 의인의 길로 인도할 것이며, 인생을 보호하고 지킬 것입니다. 이 지혜가 제일이며, 하나님의 풍성한 생명이 우리 안에 강같이 흐르게 하여 올바른 인생길을 걸어가게 하는 것입니다.

이것이 지혜입니다. 세 번째

일주일 스케줄에서, 주일 예배를 가장 중요히 여기며 걷는 것,

사람이 내게 말하기를 여호와의 집에 올라가자 할 때에 내가 기뻐하였도다 _ 시편 122편 1절

시편 122편은 예배에 대한 말씀입니다. 예배를 짧게 정의 내린다면, '하나님을 찾고 만나는 것'입니다. 그런데 예배는 주일만 아니라 매일 드리는 것입니다. 다른 말로 표현한다면, 하

나님과 만남은 주일만 아니라 '날마다'입니다.

그렇다면 어떻게 날마다 하나님을 만날 수 있을까? 하나님께서 우리와 만나주시는 대표적인 방법의 하나가 기도입니다. 성도들은 기도하는 가운데 하나님을 만나게 됩니다. 그리고 기도와 더불어 하나님을 만나는 또 하나의 영적 통로는 말씀입니다. 말씀을 통하여 하나님을 만나게 됩니다. 그리고 하나님을 만나는 또 하나의 방법은 순종 생활입니다. 하나님께 감사하라 했으므로 불평이나 시비가 아니라, 감사하기로 순종하는 것, 예배입니다. 섬기라 했으므로 섬기기로 순종하는 것, 예배입니다. 나누고 드리라 했으므로 나누고 드리기로 순종하는 것, 예배입니다. 일상에서 하나님 뜻에 순종하는 가운데 하나님을 만나며 예배하는 것입니다.

그런데 이러한 매일의 예배 속에서, 하나님께서 특별히 구별해놓으신 예배가 바로 '주일 예배'입니다. 거룩한 주일에 회중이 함께 모여 찬양하고, 회개하고, 말씀 듣고, 이렇게 회중 속에서 운행하시는 성령 하나님과 만나는 거룩한 주일을 하나님께서 대대로 특별히 정해놓으신 것입니다.

시편 122편은 성전에 함께 모여서 드리는 예배에 적용되는 말씀입니다. 여호와의 집1절, 예루살렘2절, 예루살렘3절은 모두 예배드리는 하나님의 성전을 말합니다. "사람이 내게 말하기를 여호와의 집에 올라가자 할 때에"[1절] 즉, 하나님께 함께 예배드리러 가자고 할 때에, 내가 기뻐하였도다!

일주일 동안 어떤 날을 가장 중요하게 여깁니까? 법정 공휴일? 맛있는 음식을 먹는 날? 누군가와 약속 잡은 날? 축구, 탁구, 등산 등 취미 활동하는 날? 모두 다 소중하고 귀한 날입니다. 그런데 일주일을 살면서 주일 예배를 가장 중요하게 여겨야 합니다. 왜냐하면, 하나님께서 거룩한 날로 선포하셨고, 십계명 중 제4계명 '너희는 안식일 기억하여 거룩하게 지키라!'라고 말씀하셨기 때문입니다. 그리고 함께 예배하는 회중 안에 운행하시는 성령 하나님의 특별한 약속이 있기 때문입니다. 찬송가 44장을 통해 거룩한 주일 예배에 약속된 특별한 은혜를 노래합니다.

1절, 하늘 안식 임하는 가장 복된 날이라고 찬송합니다.
2절, 하나님과 화목하게 하시고 죄를 벗겨 주시며 세상 걱정 버리고 은혜받는 날이라고 찬송합니다.
3절, 모임 중에 계시고 영광을 나타내시는 날이며 기쁜 하늘 잔치에 참여하는 날이라고 찬송합니다.

4절, 기쁜 복음 듣게 하시고 주의 은혜 베풀어 위로하시는 날이라고 찬송합니다.

한 주의 일정에서 주일 예배를 가장 중요히 여기며 걷는 것, 이것이 인생의 지혜입니다. 내가 신실하게 주일을 지키며 살아왔는데, 돌아보니 주일이 나를 지키고 내 인생을 지켜왔던 것입니다.

이것이 지혜입니다. 네 번째
'키리에 엘레이손'Kyrie Eleison**의 기도로 걸어가는 것.**

여호와여 우리에게 은혜(긍휼) 베풀어 주시기를 기다리나이다
_ 시편 123편 2절

시편 123편은 짧은 내용인데, '은혜'라는 말이 3번 반복됩니다. '우리에게 은혜 베풀어 주시기를 기다리나이다. 우리에게 은혜를 베푸시고 또 은혜를 베푸소서.' 그런데 '은혜'라는 단어가 예전 성경에는 '긍휼'이었습니다. 그래서 다시 읽어보

면 '우리에게 긍휼 베풀어 주시기를 기다리나이다. 우리에게 긍휼을 베푸시고 또 긍휼을 베푸소서.'

'矜'자랑할 긍 '恤'불쌍할 휼'의 뜻은, '불쌍히 여김, 자비'입니다. 하나님은 긍휼히 여기시는 자비의 하나님이십니다. 우리가 잘한 것이 있어서가 아니라, 마음에 드는 것이 있어서가 아니라, 그저 불쌍해서 도와주시는 자비의 하나님이십니다.

'주님 우리를 불쌍히 여기소서'의 라틴어는 'Kyrie Eleison' 키리에 엘레이손입니다. '키리에'는 주여, '엘레이손'은 불쌍히 여기소서. 시편 123편은 '키리에 엘레이손'의 신앙 시입니다. 요한 제바스티안 바흐가 만든 〈마태 수난곡〉 39번의 제목도 〈키리에 엘레이손〉입니다. 그 곡에 가사를 실어서 종종 성악가들이 노래를 부르는데, 가사 첫 내용이 이렇습니다.

아, 나의 하나님이여 나의 눈물을 보아 불쌍히 여기소서

우리도 마찬가지입니다. 광야 인생길 걷는 중에 난관이 닥쳐오는 그때, 절망하며 무너질 게 아니라 기도해야 합니다. 특히 이렇게 기도해야 합니다. '주님, 나를 불쌍히 여기소서. 가엾게 여기소서.'

우리가 기억해야 할 것은, 이 가난하고 낮은 기도가! 우리에게 최고 축복의 기도라는 사실입니다. 하나님 일하시는 가장 강력한 기도라는 사실입니다. '키리에 엘레이손'의 기도로 걸어가는 사람이야말로, 지혜의 사람입니다. '주님. 나를 긍휼히 여기소서!' 이 '키리에 엘레이손'의 낮은 마음을 가지고 기도하며 걷는 것, 이것이 호크마, 인생의 지혜입니다.

이것이 지혜입니다. 다섯 번째
'예수 그리스도의 제자'라는 분명한 푯대와 방향성을 가지고 걷는 것.

여호와께서 우리 편에 계시지 아니하였더라면 우리가 어떻게 하였으랴 _시편 124편 1절

시편 124편에서 '우리'는 13번이나 반복되고 있으며, '우리'는 '그리스도의 제자들'이라고 유진 피터슨은 그의 책 『한 길 가는 순례자』에서 해석합니다. 유진 피터슨은 "여기저기서 하나님 자녀로 거듭났노라는 간증은 무성해도 예수님의 성숙한

제자가 된 증거는 옹색합니다"라고 말했습니다. 하나님 자녀로 태어났지만, 예수님의 제자들이 드물다는 것입니다.

카일 아이들먼은 『팬인가 제자인가』라는 책을 썼는데, 그저 예수님 팬으로 살고 있는가? 아니면 예수님 제자로 살고 있는가? 그 질문을 던지며 성찰케 합니다. 그러면서 제자의 길로 가는 사람은 그리 많지 않다고 말합니다.

나는 가족 안에서 누구인가? 예수님의 제자입니다. 학교에서 직장에서 누구인가? 예수님의 제자입니다. 이웃과 세상 속에서 누구인가? 예수님의 제자입니다. 따라서 우리의 언어생활도 제자답게 본이 되며 신중해야 합니다. 삶의 태도도 제자답게 본이 되며 신중해야 합니다. 가치관도 올바르게 가지고 있어야 합니다. '예수님 제자'라는 뚜렷한 정체성과 방향성을 가지고 걸어가는 것, 이것이 호크마, 인생의 지혜입니다.

이 지혜가 너를 구원할 거라고 말합니다. 이 지혜가 너를 선한 자의 길과 의인의 길로 인도할 거라고 말합니다. 이 지혜가 너의 인생을 보호하고 지킬 거라고 말합니다. 이 지혜가 제일이니 지혜를 얻으라고 말합니다. 이 지혜가 생명이고 구원이고 축복이라고 소리치는 것입니다. 하나님의 풍성한 생명을 우리 안에 강같이 흐르게 하면서 올바른 인생길을 걸어가게 하는 것입니다.

이것이 지혜입니다. 여섯 번째
이 세상에서 비빌 언덕이 없음이, 꼭 나쁜 것만은 아님을 알며 걷는 것.

여호와를 의지하는 자는 시온 산이 흔들리지 아니하고 영원히 있음 같도다 _ 시편 125편 1절

'소도 언덕이 있어야 비빈다'라는 속담이 있습니다. 사람들도 기댈 수 있는 언덕을 찾습니다. 기댈 수 있는 언덕이 무너지면 또 다른 기댈 곳을 찾습니다. 가족에게 기대기 어렵다면 여전히 직장은 남아 있을 거고, 직장에 문제가 생겼다면 절박하기는 하지만 여전히 건강이나 가족은 남아 있습니다.

그런데 가족, 사람, 건강, 실력, 재산, 노후 준비 등 기대고 의지할 곳이 많이 있는 사람은 세상눈으로 보면 부러울 수 있겠지만, 그것이 꼭 좋은 것만은 아닐 수 있습니다. 반면 기댈 곳이 없다면 그것이 꼭 나쁜 것만은 아닐 수 있습니다. 오히려

유익이 될 수 있습니다. "여호와를 의지하는 자는 시온 산이 흔들리지 아니하고 영원히 있음 같도다."

정말로 기댈 곳이 없는 사람이야말로, 하나님께만 기대고 의지할 가능성이 크기 때문입니다. 가족도 기댈 곳이 안 되고, 건강도 기댈 곳이 안 되고, 경제 사정도 기댈 곳이 안 되고, 진로도 막연해서 비빌 언덕도 없고, 그런 사람이 하나님께만 기대고 의지할 가능성이 큰 것입니다.

내 자녀가 기댈 곳이 없어서 하나님만 의지한다면, 내 친구가 기댈 곳이 없어서 하나님만 의지한다면, 내 동료가 기댈 곳이 없어서 하나님만 의지한다면, 그렇게 하나님만을 의지하게 되었다면, 기댈 곳이 없는 것이 오히려 축복이었던 것입니다. 그래서 예수님은 말씀하셨습니다. 가난한 자가 복이 있다. 부자가 천국에 들어가는 것보다 낙타가 바늘귀에 들어가는 것이 더 쉽다. 마태복음 19:24

부자란 이 세상에 기댈 것이 많은 사람입니다. 건강, 가족, 든든한 직장, 노후 보장, 자녀 형통 등등 기댈 데가 많은 부자는 절박하게 하나님께 기대지 않을 수 있는 것입니다. 이 세상에서 비빌 언덕이 없음이 꼭 나쁜 것만은 아님을 알면서 걷는 것, 이것이 호크마, 인생의 지혜입니다.

이것이 지혜입니다. 일곱 번째

하나님을 기뻐하는 것이! 인생의 태산을 넘어갈 힘이 됨을 알며 걷는 것.

그 때에 우리 입에는 웃음이 가득하고 우리 혀에는 찬양이 찼었도다… _ 시편 126편 2절

여호와께서 우리를 위하여 큰 일을 행하셨으니 우리는 기쁘도다 _ 시편 126편 3절

장애인 올림픽 트레이너인 독일의 팔겐베르크는 정상인도 감당하기 어려운 마라톤을 장애인이 해낼 수 있도록 지도한 사람입니다. 그의 지도 비결이 무엇이었느냐? 선수들이 뛰기 전에 먼저 크게 웃게 하고, 뛰는 중에도 웃게 하며, 경기 후에도 웃게 하는 것입니다. 웃을 때마다 신체 에너지가 증가하여 활력이 넘쳐나는 것을 이용한 것입니다. 웃음이 명약이 된 것입니다.

우리는 인생 경주에서 많은 장애물을 만납니다. 경제적 문제, 건강 문제, 인간관계 문제, 영적 회의와 침체. 때로는 태산 같은 문제를 만나기도 합니다. 무슨 힘으로 이 태산을 넘어가

며, 곤고한 환경을 이겨나갈 수 있습니까? 고단하고 지치는 삶 속에서 믿는 자들이 늘 되새겨야 할 진리 하나를 느헤미야가 가르쳤습니다.

> 여호와로 인하여 기뻐하는 것이 너희의 힘이니라 _느헤미야 8장 10절

꼭 알아야 할 사실이 있는데, '기쁨이란 근본적으로는 영적인 능력'이라는 것입니다. 하나님께서 인간을 창조하시고, 처음 살게 하신 곳의 이름은 '에덴'입니다. 뜻은 '기쁨'입니다. 인간은 '기쁨의 땅' 에덴에서 하나님과 사랑을 나누며 즐겁게 살아가도록 창조된 것입니다. 그런데 인간들은 교만 가운데 하나님을 떠나면서 진정한 기쁨을 잃어버리게 되었습니다. 그리고 세상이 주는 찰나적이고 소모적인 기쁨만을 맛보며 살게 된 것입니다. 하지만 하나님 자녀가 되면, 새롭게 하나님께서 주시는 영적 능력을 갖게 되는데, 그중 하나가 바로 기쁨입니다. 그래서 이런 찬양이 있습니다. "내 마음에 기쁨이 싹이 트고 있어요. 예수님 만난 날부터 내 마음에 기쁨이."

예수님 만난 그날부터 새로운 기쁨이 싹이 트고 자라나는

것입니다. 돈이나 사람이나 명예가 주는 기쁨과 다릅니다. 운동, 여행, 오락 등 레저가 주는 기쁨과 다릅니다. 합격, 승진, 포상이 주는 기쁨과 다릅니다. 예수님 만난 그날부터 하나님이 주시는 영적 기쁨이 싹 트고 자라나는 것입니다.

시편 126편 1-3절도 마찬가지입니다. 포로 생활을 하던 백성들이 자유를 얻게 되었습니다. 하나님께서 구원의 큰일을 베푸신 것입니다. 그들은 하나님이 주시는 영적 기쁨이 충만한 가운데 노래하며, 길고 멀고 험한 광야를 지나고, 계곡을 지나고, 태산을 지나 고국 예루살렘으로 돌아옵니다.

그 때에 우리 입에는 웃음이 가득하고 우리 혀에는 찬양이 찼었도다….

> 여호와께서 우리를 위하여 큰 일을 행하셨으니 우리는 기쁘도다! _시편 126편 3절

'여호와를 기뻐하는 것이 너희의 힘이라!' 하나님을 기뻐하는 것이 인생 태산을 넘어갈 힘이 됨을 알며 걷는 것, 이것이 호크마, 인생의 지혜입니다.

이것이 지혜입니다. 여덟 번째

'니시 도미누스 프루스트라'NISI DOMINUS FRUSTRA**를 고백하며 걷는 것.**

여호와께서 집을 세우지 아니하시면 세우는 자의 수고가 헛되며 여호와께서 성을 지키지 아니하시면 파수꾼의 깨어 있음이 헛되도다 _ **시편 127편 1절**

여호와께서	아니하시면	헛되며 헛되도다!
NISI	DOMINUS	FRUSTRA
아니하시면	하나님이	헛되다

안토니오 비발디는 라틴어 시편 127편의 첫 구절인 '니시 도미누스'을 제목으로 총 9곡의 음악을 만든 바 있습니다. 그리고 유럽의 유명한 역사적 도시들에 가면, 예를 들어 영국의 에든버러 같은 도시에서 중세 때 건축된 오래된 건물 가장 꼭대기 부분에 'Nisi Dominus frustra'라고 크게 쓰여 있습니다.

'니시 도미누스 프루스트라', '하나님이 없다면 헛되다'는 신앙 고백으로 걷는 것, 이것이 호크마, 인생의 지혜입니다.

이것이 지혜입니다. 아홉 번째

하나님 두려워하는 마음, 경외심을 가지고 걷는 것.

여호와를 경외하며 그의 길을 걷는 자마다 복이 있도다
_ 시편 128편 1절

성경의 중심 주제 중 하나가 '하나님을 경외함'입니다. 신앙의 길을 걸어가는 평생, 하나님을 경외하라는 말을 수도 없이 많이 들으며 살아가게 됩니다.

신명기 6장 2절에서는 이렇게 명합니다. "곧 너와 네 아들과 네 손자들이 평생에 네 하나님 여호와를 경외하며." 하나님께서 우리에게 요구하시는 것이 무엇인지 신명기 10장 12절이 그 대답을 줍니다. "이스라엘아 네 하나님 여호와께서 네게 요구하시는 것이 무엇이냐 곧 네 하나님 여호와를 경외하여…" 하나님께서 사람들이 배우기를 원하시는 것이 무엇인지 신명기 31장 12절이 그 대답을 줍니다. "곧 백성의 남녀와 어린이와 네 성읍 안에 거류하는 타국인을 모으고 그들에게 듣고 배우고 네 하나님 여호와를 경외하며 이 율법의 모든 말씀을 지켜 행하게 하고." 하나님께서 사람들의 본분이 있다고 가르치는데, 무엇일까? 전도서는 그 대답을 줍니다.

> 일의 결국을 다 들었으니 하나님을 경외하고 그의 명령들을 지킬지어다 이것이 모든 사람의 본분이니라 _ **전도서 12장 13절**

하나님을 경외한다는 말의 의미는, 성경 전체를 통해 두 가지로 정리할 수 있습니다. 그런데 이 두 가지는 따로 떨어져서 사용되어서는 안 되고, 항상 결합하여야 합니다. 하나는 하나님을 전심으로 사랑하는 마음이며, 동시에 또 하나는 하나님을 전심으로 두려워하는 마음입니다. 이 두 마음의 결합이, 경외입니다.

우리는 하나님의 엄위하심 앞에서 두려운 경외심을 가져야 합니다. 두려워하라! 이는 우리에게 공포를 심어주기 위해 의도된 말씀이 아닙니다. 두려워하라! 이는 우리에게 겁주기 위해 의도된 말씀이 아닙니다. 늘 우리를 살펴보시는 하나님과 동행하면서 의미 있고 값진 인생으로 살라고 주시는 사랑의 음성인 것입니다. 허송세월하며 화가 되는 인생이 아니라 복이 되는 인생으로 살라고 주시는 사랑의 음성인 것입니다.

모세는 온 맘을 다해 하나님을 사랑하였고 또 두려워하였습니다.출애굽기 3:6 이사야도 온 맘을 다해 하나님을 사랑하였고 또한 두려워하였습니다.이사야 8:13 바울도 온 맘을 다해 하나님을 사랑하였고 또한 두렵고 떨림으로 하나님을 대했습니다.빌립보서 2:12 베드로도 온 맘을 다해 하나님을 사랑하였고 또한 두려워하였습니다.베드로전서 1:17

모든 훌륭한 믿음의 사람들, 모든 축복의 신앙인들, 모든 승리의 신앙인들은 하나님을 경외하는 사람들이었다. 한 사람도 예외가 없습니다.

하나님을 두려워하는 경외심을 가지고 걸어가는 것, 이것이 호크마, 인생의 지혜입니다.

이것이 지혜입니다. 열 번째

인생 어떠한 대적들도 죽음조차도 결코 나를 이기지 못함을 확신하며 걷는 것.

그들이 내가 어릴 때부터 여러 번 나를 괴롭혔으나 나를 이기지 못하였도다 _ 시편 129편 2절

인생은 고투, 괴로운 싸움입니다. 나를 넘어뜨리려는 수많은 대적과의 싸움입니다. 그럼, 누가 나의 대적인가?

첫째, 내 인생을 위협하는 모든 외부 환경입니다. 질병, 궁핍, 불우한 환경 등 나를 무너뜨리려는 모든 외부의 위기와 곤경입니다.

둘째, 내부의 적도 있습니다. 내 안의 죄성과 파괴적이고 부정적인 습성입니다. 교만, 불신, 욕심, 쾌락, 염려, 원망, 시비, 불평, 불만 등

셋째, 우는 사자와 같이 두루 다니며 삼킬 자를 찾고 있는 사탄입니다.

인생길은 이같이 대적들로 가득합니다. 끊임없이 대적들이 버티고 있는 것입니다. 그런데 나를 위협하는 환경이, 나

의 고통스러운 문제가, 나를 넘어뜨리려는 위기와 곤경이, 하나님을 믿는 나를 이기지 못하였다는 것입니다. 질병에 걸려도 질병이 나를 이기지 못한다는 것입니다. 궁핍과 가난을 만나도 궁핍과 가난이 나를 이기지 못한다는 것입니다. 외로운 상황에 빠져도 외로움이 나를 이기지 못한다는 것입니다. 믿는 자들의 승리에 대해 로마서 8장 37절에서는 이렇게 고백합니다.

> 이 모든 일에 우리를 사랑하시는 이로 말미암아 우리가 넉넉히 이기느니라

인간의 가장 크고 두려운 적은 무엇인가요? 죽음입니다. 그런데 크리스천들에게는 아닙니다. 설사 죽음이 닥쳐도, 그 죽음조차도 나를 이기지 못합니다. 그래서 바울은 고린도전서 15장 57절에서 이렇게 소리칩니다. "우리 주 예수 그리스도로 말미암아 우리에게 승리를 주시는 하나님께 감사하노니."

제자는 '여호와 닛시, 승리의 사람'입니다. 세상 모든 일에 넉넉히 이길 수 있는 사람입니다. '그들이 나를 이기지 못하였도다.' 인생 어떠한 대적들도 죽음 조차도 결코 나를 이기

지 못함을 확신하며 걸어가는 것, 이것이 호크마, 인생의 지혜입니다.

이것이 지혜입니다. 열한 번째

회개가 내 인생의 절대 희망임을 알면서 걸어가는 것.

여호와여 주께서 죄악을 지켜보실진대 주여 누가 서리이까
_ **시편 130편 3절**
그가 이스라엘을 그의 모든 죄악에서 속량하시리로다 _ **시편 130편 8절**

고린도전·후서는 그리스의 고린도에 있는 성도들에게 보낸 서신입니다. 당시 고린도는 그리스 문화권에 있어서 주 사상은 정의, 지혜와 도덕이었습니다. 특히 고린도의 핵심 가치는 '지혜'였습니다. 이처럼 지혜를 최고로 여기는 고린도 교회에 성경은 인간의 참 지혜, 근본적인 지혜가 무엇인지를 다음과 같이 가르치고 있습니다.

지혜 있는 자가 어디 있느냐 선비가 어디 있느냐 이 세대에 변론가가 어디 있느냐 하나님께서 이 세상의 지혜를 미련하게 하신 것이 아니라 _ **고린도전서 1장 20절**

유대인은 표적을 구하고 헬라인은 지혜를 찾으나 우리는 십자가에 못 박힌 그리스도를 전하니 유대인에게는 거리끼는 것이요 이방인에게는 미련한 것이로되 오직 부르심은 받은 자들에게는 유대인이나 헬라인이나 그리스도는 하나님의 능력이요 하나님의 지혜니라 _ **고린도전서 1장 22-24절**

너희는 하나님으로부터 나서 그리스도 예수 안에 있고 예수는 하나님으로부터 나와서 우리에게 지혜와 의로움과 거룩함과 구원함이 되셨으니 _ **고린도전서 1장 30절**

예수님이 참 지혜이십니다. 예수님을 아는 것이 참 지혜입니다. 예수님의 고난과 부활을 아는 것이 참 지혜입니다. 그러면 어떻게 예수님을 아느냐? 회개가 예수님을 아는 기초입니다. 따라서 하나님 앞에 회개가 지혜입니다. 크리스천이란 어떠한 사람들인가? 회개가 지혜임을 아는 사람들입니다.

시편 130편도 이 진리를 교훈하고 있습니다. 시편 130편은 인생의 깊은 고난에서 하나님께 부르짖고 기도하는 내용인데, 기도의 중심에 무엇이 있는가? 회개입니다.

> 여호와여 주께서 죄악을 지켜보실진대 주여 누가 서리이까? _3절
> 그러나 사유하심이 주께 있음은 주를 경외하게 하심이니이다 _4절
> 그가 이스라엘을 그의 모든 죄악에서 속량하시리로다 _8절

때로 우리가 아주 힘들고 괴로운 일을 만났다 할지라도, "주님, 제가 잘못했습니다. 용서하여 주옵소서!"라며 진실로 회개할 때, 우리 인생을 다시 일으켜 세우시는 하나님의 손길이 나타납니다. 회개하는 자리에 하나님의 위로와 능력이 나타납니다. "여호와는 마음이 상한 자를 가까이 하시고 충심으로 통회하는 자를 구원하시는도다."^{시편 34:18} 그래서 예수님도 말씀하셨습니다. "애통하는 자는 복이 있도다."^{마태복음 5:4} 이 행복의 진리를 알았던 스탁스는 이런 찬양^{190장}을 지었습니다. "예수여 비오니 나의 기도 들으사 애통하며 회개한 맘 충만하게 하소서!"

나의 회개가! 내 인생의 진정한 희망이요 승리임을 알면서

걸어가는 것! 이것이 호크마, 인생이 지혜입니다.

이것이 지혜입니다. 열두 번째
하나님께서 나와 함께 하신다는 임마누엘 믿음으로 걸어가는 것.

실로 내가 내 영혼으로 고요하고 평온하게 하기를 젖 뗀 아이가 그의 어머니 품에 있음 같게 하였나니 내 영혼이 젖 뗀 아이와 같도다 _시편 131편 2절

수많은 감정 가운데 인간의 가장 보편적인 감정이 염려, 걱정입니다. 염려는 우리 인생에서 치명적이고 파괴적인 질병입니다. 그럼 어떻게 이 염려를 멈출 수 있겠습니까? 염려의 원인이 무엇인지 바르게 진단하면, 해결의 실마리를 찾을 수 있는 것입니다. 진단이 중요한 것입니다.

그런데 아주 신뢰할 만한 진단이 신약 성경 마태복음에 있습니다. 바로 예수님께서 내리시는 진단입니다. 인간을 지으신 분, 전지전능하신 분이 내리시는 진단이기에 오진, 오류가 있을 리 없습니다. 예수님은 마태복음 6장에서 "염려하지 말

라!"를 5번이나 반복하시고 당부하시면서, 염려에 빠지는 근본 원인을 어떻게 진단 내리시는가? "믿음이 작은 자들아!"^{마태복음 6:30}입니다.

즉, 나의 믿음이 작다는 진단을 내리시는 것입니다. 왜 끝없는 염려 속에 있는가? 그 원인은 바로 내 믿음에 문제가 있다는 것입니다. 이 근본 원인을 분명히 깨닫고 파악해야지 다른 데서 자꾸 원인을 찾으려 하면, 늘 다른 사람을 원망하게 됩니다. 환경을 탓하게 됩니다. 그러면서 도무지 해결책을 찾을 수 없는 것입니다. 예수님께서 진단해 주신 원인, 내 믿음이 작은 것이 문제구나! 이 사실을 겸손히 받아들이면서 하나님 앞에 나아가야 합니다. 하나님께 나의 믿음이 작은 것을 도와달라고, 내게 더 큰 믿음을 달라고, 그렇게 간구해야 합니다.

그런데 무엇에 대한 나의 믿음이 작다고 말하는 걸까요? 하나님이 나와 함께 하고 계신다는 믿음입니다. 내 삶 가운데, 나의 어려움 가운데, 내가 겪는 곤경 가운데, 살아계시는 하나님께서 함께하신다는 것을 인식하지 못하고 믿지 못하는 것입니다. 그래서 근심/걱정/염려하는 것입니다.

성경에 보면, "염려하지 말라, 두려워 말라!"는 말씀과 바늘과 실처럼 꼭 같이 따라다니는 말씀이 있습니다. "하나님이 함께 계신다"입니다.

하나님은 야곱에게 "내가 너와 함께 있어 네가 어디로 가든지 너를 지키며"^{창세기 28:15}라고 약속하십니다. 하나님은 여호수아에게 "강하고 담대하라 두려워하지 말며 놀라지 말라 네가 어디로 가든지 네 하나님 여호와가 너와 함께 하느니라"^{여호수아 1:9} 약속하십니다. 하나님은 기드온에게 "내가 반드시 너와 함께 하리니 너는 안심하고 근심하지 말라 두려워 말라"^{사사기 6장} 약속하십니다. 하나님은 이사야에게 "두려워하지 말라 내가 너와 함께 함이라 놀라지 말라 나는 네 하나님이 됨이라"^{이사야 41:10a} 약속하십니다. 하나님은 예레미야에게 "너는 그들 때문에 두려워하지 말라 내가 너와 함께 하여 너를 구원하리라"^{예레미야 1:8} 약속하십니다. 하나님은 구약 백성들에게 "너는 두려워하지 말라 내가 너를 구속하였고 내가 너를 지명하여 불렀나니 너는 내 것이라 네가 물 가운데로 지날 때에 내가 너와 함께 할 것이라"^{이사야 43:1b-2a} 약속하십니다.

시편 131편은 임마누엘 믿음을 신앙 고백하는 노래입니다.

실로 내가 내 영혼으로 고요하고 평온하게 하기를 젖 뗀 아

이가 그의 어머니 품에 있음 같게 하였나니 내 영혼이 젖 뗀 아이와 같도다 _ **시편 131편 2절**

나의 심령이 어떻다는 것입니까? 고요하고 평온하다는 것입니다. 염려, 불안, 두려움의 어둡고 부정적인 감정이 아니라, 안정되고 평온하다는 것입니다. 그런데 이유가 무엇입니까? 어머니 품에 안겨 있기 때문입니다. 그래서 고요하고 평안한 것입니다. 육신의 부모 때문에도 이같이 안심과 평안을 갖는데, 창조주시며 전능하신 하나님을 아버지로 두었으며, 그분이 함께하신다면 어떠해야 하겠습니까?

성경은 믿는 자에게 어려움이나 고난이 없는 삶을 약속하지 않습니다. 어려움과 고난이 있습니다. 실패와 넘어짐이 없는 인생을 약속하고 있지 않습니다. 실패와 넘어짐이 있습니다. 모진 병에 걸리기도 합니다. 치명적인 사고를 당하기도 합니다. 소중한 인간관계가 깨어지는 뼈아픈 아픔을 경험하기도 합니다. 경제적 위기와 상실 속에서 괴로워하기도 합니다.

그러나 성경이 거듭거듭 약속하는 것이 있습니다. 임마누엘! 하나님이 함께하신다는 것입니다. 언제나 어디서나 하나님이 함께하신다는 것입니다. 함께하시는 하나님께서 나를 사랑하시어 최선으로 인도하시는 것입니다. 하나님이 언제나 함께하십니다. 혹시 사망의 음침한 골짜기를 다닐지라도 하나님이 함께하십니다. 그 누구도 나와 함께 할 수 없는 죽음의 순간에도 하나님이 함께하십니다. 육신의 죽음 이후에도 하나님이 천국에서 함께하십니다. 하나님이 함께하신다는 임마누엘 약속을 굳게 믿고 걷는 것, 이것이 호크마, 인생의 지혜입니다.

이것이 지혜입니다. 열 세 번째
미신적인 생활이 아니라 신앙으로 순종하며 걸어가는 것.

우리가 그것이 에브라다에 있다 함을 들었더니 나무 밭에서 찾았도다 우리가 그의 계신 곳으로 들어가서 그의 발등상 앞에서 엎드려 예배하리로다 여호와여 일어나사 주의 권능의 궤와 함께 평안한 곳으로 들어가소서 _ **시편 132편 6-8절**

점쟁이나 무당을 찾아가서 자신의 소원을 내어놓고 비는 사람들이 있습니다. 이들은 크리스천들이 기도하는 것보다 간절하고 진지한 것 같기도 합니다. 또 이들은 점쟁이들이 써주는 부적을 아주 중요하게 여깁니다. 그리스도인들이 성경 말씀을 대하는 것보다 더 소중히 여기기도 합니다. 그래서 부적을 지갑에 넣고 다니거나, 집 문 앞에 붙여 놓거나, 또는 베개 속에 집어넣기도 합니다. 하지만, 그와 같은 열심에도 불구하고 그들을 가리켜서 '신앙인'이라고 말하지는 않습니다. 점쟁이나 무당 앞에서 아무리 간절하고 진지하며, 아무리 거액의 헌금을 하더라도 세상은 그런 사람들을 가리켜 '신앙이 참 좋다!'라고 말하지 않습니다. '미신을 좇고 있다'라고 말합니다.

그렇다면 미신과 신앙의 차이는 무엇인가? 여러 가지로 대답할 수 있겠지만, 그중 하나는 이런 것입니다. 미신은 자신에게 있는 재물이나 재능 등 그 무엇이든 간에 자신의 소유로 신을 달래고 어르려고 하는 것입니다. 내 삶의 변화는 안중에 없습니다. 오로지 나의 소원을 성취하려고 하는 것입니다. 반면에 신앙이란, 내가 변화되어 하나님 뜻에 나 자신을 드리는 것입니다. 하나님의 뜻을 지키며 순종하는 생활입니다. 순종하는 중에 하나님의 은혜와 복을 경험하는 것입니다.

시편 132편은 다윗의 순종에 관한 내용입니다. 2절에 보면 다윗의 맹세가 나옵니다. 다윗은 언약궤를 가지고 오겠다고 서원합니다. 하나님은 구약 백성들에게 하나님의 임재를 상징하는 언약궤를 허락해 주셨습니다. 언약궤는 하나님께서 함께하신다는 임재의 상징이었습니다. 그런데 지난날, 블레셋이라는 민족과 전쟁 중에 언약궤를 탈취당했습니다. 블레셋 민족이 전쟁에 이기고 자기 나라에 가져가서 전리품으로 전시하였습니다. 그런데 그 일로 인해 블레셋에 재앙이 닥치자 사무엘상 4-7장 이를 황급히 이스라엘에 돌려주었습니다. 그 후 '웃사 사건'이 터져 언약궤가 이스라엘로 돌아오지 못하고 시골 변방기럇여아림-사무엘상 7:1-2에 70여 년 동안 방치되어 있습니다. 다윗은 언약궤를 소중히 여기며 살라는 하나님의 뜻을 명심하고, 70여 년 동안 시골 변방에 방치된 언약궤를 예루살렘으로 가지고 오기로 맹세한 것입니다.

그런데, 나무 밭에서기럇여아림 예루살렘까지 오는 길은 16km 거리로 멀고도 험했습니다. 그 당시에는 소와 수레를 동원하여 옮기는 방법이 있을 것입니다. 제일 편리하고, 효율적이고, 합당해 보입니다. 게다가 주변 민족들이 통상적으로 그런 방법으로 중요한 것들을 운반하고 있었습니다. 그러나 다윗과 구약 백성들은 그렇게 해서는 안 되었습니다. 언약궤를 옮길 때 사람이 직접 어깨에 짊어지고 가도록 하나님께서 가르쳐 주신 지침이 있었기 때문입니다. 그리고 여섯 걸음을 뗄 때마다 소 한 마리를 잡아 제사 드리도록 하셨습니다. 16km 되는 거리를 말입니다. 다윗과 백성들은 순종했습니다.

제자는 어떤 사람인가? 하나님 말씀에 순종하는 사람입니다. 미신적인 삶을 사는 것이 아니라, 하나님 말씀에 나를 변화시키며, 그 말씀에 순종하며 사는 사람입니다.

'일계지손(日計之損)이나 연계지익(年計之益)'이라는 말이 있습니다. '일계 – 하루하루 계산해보니, 지손 – 손해인 것처럼 보입니다. 그런데 연계 – 한 해를 총 계산해보니, 지익 – 이익이더라'라는 뜻입니다.

세상 속에서 하나님 말씀에 순종하면서 살아간다는 것이, 곰곰 계산해 보면, 하루하루는 손해 같습니다. 이 경쟁 사회에서 나의 아까운 시간, 아까운 물질, 아까운 에너지를 손해 보는 것 같습니다. 그런데, 우리 인생의 총계를 따져보면, 하나님께 순종하는 인생이 유익입니다. 순종하는 인생이 차고 넘치는 인생입니다. 하나님께 영광을 돌리는 인생입니다.

미신적인 생활이 아니라 신앙으로 순종하며 걷는 것, 이것이 호크마, 인생의 지혜입니다.

이것이 지혜입니다. 열 네 번째

공동체를 사랑으로 연합시키는 일에 헌신하며 걷는 것.

형제가 연합하여 동거함이 어찌 그리 선하고 아름다운고

_ 시편 133편 1절

사울 왕을 피해 홀로 도망치던 다윗 주변에 점차 사람들이 몰려와 함께 하게 되었습니다.사무엘상 22:1-2 바로 지금의 교회와 같은 신앙 공동체를 얻게 된 것입니다. 이러한 상황들 속에서 다윗이 고백한 신앙이 바로 시편 133편입니다. "형제가 연합하여 동거함이 어찌 그리 선하고 아름다운고!" 사랑으로 연합하면서 함께 슬퍼하고 함께 기뻐하는 믿음의 공동체를 선물로 얻고 감사하는 것입니다.

형제와 자매가 연합하여 사랑으로 하나 된다는 것이 얼마나 어려운지 인생의 경험으로 알고 있습니다. 사실, 사람들이 모인 곳에는 당연히 갈등이 있습니다. 심지어 예수님의 열두 제자들, 그 형제들조차도 불협화음을 곳곳에서 일으킵니다. 따라서 형제가 사랑으로 하나 되는 공동체를 세우는 것은, 아주 힘겨운 일입니다. 하지만, 하나님의 자녀들에게는 포기할 수 없는 꿈이요, 과제입니다. 교회로 인해서 실망하고, 상처받고, 고민한다고 할지라도 교회는 내가 사랑해야 할 가족입니다. 그래서 필립 얀시라는 유명한 기독교 저술가는 어떤 제목의 책을 썼습니까?『교회, 나의 고민 나의 사랑』입니다. 책 제목대로 교회는 믿는 자들의 삶 속에서 고민이요, 사랑입니다.

갈등이 있다고 해서 영적이지 않은 공동체임을 의미하는 것이 아닙니다. 반대로 갈등이 없고 친목이 잘 이루어져 평화롭고 끼리끼리 친하다고 해서 그 공동체가 영적 공동체임을 의미하는 것도 아닙니다. 영적 공동체와 영적이지 않은 공동체의 구별은 서로 간에 갈등이 있느냐 없느냐에 달린 것이 아닙니다. 갈등 가운데서도 성도들이 끊임없이 성령님의 일 하심에 순종하며, 하나 됨을 구하느냐 그렇지 않으냐에 달린 것입니다. 공동체를 사랑으로 연합시키는 일에 헌신하며 걷는 것, 이것이 호크마, 인생의 지혜입니다.

이것이 지혜입니다. 열 다섯 번째

감사하며 걷는 것. 가시 중에도 하나님께 감사하며 걸어가는 것.

성소를 향하여 너희 손을 들고 여호와를 송축하라 _ **시편 134편 2절**

시편 134편이 쓰였던 시기는 어렵고 힘든 일들이 많았습니다. 당시 구약 백성들은 바벨론에 패망하여 포로로 끌려갔다가 해방을 맞아 고국으로 돌아왔습니다. 그런데 70년 만에 돌아온 고국은 어떤 형편이었겠습니까? 정치, 경제, 문화, 교육, 모든 것이 무너져 있었습니다. 폐허가 된 고국과 도시를 재건한다는 것, 말로 다할 수 없이 고생스러운 일이었습니다. 희망이 별로 보이지 않는 황폐한 삶이었습니다. 바로 이러한 어둠 속에서 그들이 불렀던 노래가 시편 134편 '하나님을 송축하라, 감사하라'입니다.

우리 삶에 적용한다면 이렇습니다. 질병이나 재정 등의 문제로 곤고한 상황이지만, 인간관계 문제로 지치고 힘든 상황이지만, 진로 문제로 사방이 막혀 있는 상황이지만, 불평과 불만스러운 일들이 한둘이 아니지만, 그러한 상황과 환경 속에서도 '하나님을 송축하며 감사하라!'입니다.

감사 중에서 최고의 감사를 보여주는 곳은 바울의 '가시 감사'입니다. 고린도후서 12:7-10 바울은 자신을 연약하게 만드는 고통을 가지고 있었는데, '내 육체에 가시'라고 표현합니다. 바울의 육체적 가시가 무엇이었는지에 대해서는, 두통, 말라리아, 안질 등 여러 가지 견해가 있습니다. 바울은 간절히 기도하였습니다. "하나님, 나를 너무나 괴롭게 하는 이 가시를 제거하여 주시옵소서."

사람들은 누구나 다, 자신만의 아픔과 고통을 가지고 있습니다. 그것이 '가시'입니다. 경제적인 어려움일 수도 있고, 성격적인 결함일 수도 있고, 만성적인 질병일 수도 있습니다. 혹은 어떤 사람이 나를 고통스럽게 하는 가시일 수도 있습니다. 그런데 알아야 할 사실은, 나의 가시를 통하여 하나님께서 축복하신다는 것입니다. 힘들고 괴롭게 하는 인생 가시로 인하여 나는 하나님 안에서 더욱 신실하고 강한 제자가 되어 간다는 것입니다.

그런데 가시가 축복이 되게 하려면 반드시 가져야 할 믿음의 자세가 있습니다. 가시에 감사하는 것입니다. 하나님을 송축하고 감사하는 것입니다.

바울도 처음에는 가시가 있는 삶에 만족하지 못했습니다. 그래서 "하나님 고통 좀 없애 주십시오!"라고 세 번이나 간절히 기도했습니다. 그때 하나님께서 주신 응답이 "너의 은혜가 너에게 족하다"입니다. 다시 말해서, 은혜에 감사하며 살라는 것입니다.

예수 그리스도의 제자는 하나님께 감사하는 사람입니다. 가시 중에도 감사하는 사람입니다. 그리고 하나님께 올려 드리는 감사가 실패와 괴로움과 상처들을 싸매는 치유의 능력이 되는 것입니다. 하나님께 올려 드리는 감사가 지금 내 삶에 닥친 어려움을 이겨내는 능력이 되는 것이며, 장차 내일의 승리를 준비시키는 능력이 되는 것입니다. 하나님께 영광 돌리는 일이 되는 것입니다. 가시 중에도 감사하며 걷는 것, 이것이 호크마, 인생의 지혜입니다.

Soli Deo Gloria! 솔리 데오 글로리아, 오직 하나님께 영광을!